LES BEAUX ROMANS ILLUSTRÉS

GUSTAVE AIMARD ET J.-B. D'AURIAC

L'ŒUVRE INFERNALE

Prix : **75** Centimes

ÉTRANGER ET PAR POSTE : **1** FRANC

PARIS

A. DEGORGE-CADOT, Éditeur, 9, rue de Verneuil, 9

L'ŒUVRE INFERNALE

Par GUSTAVE AIMARD et J.-B. D'AURIAC

CHAPITRE PREMIER

SUR L'EAU

Par une brûlante journée du mois d'août 1862, un petit steamer sillonnait paisiblement les eaux brunes du Minnesota. On pouvait voir entassés, pêle-mêle sur le pont, hommes, femmes, enfants, caisses, malles, paquets, et les mille inutilités indispensables à l'émigrant, au voyageur.

Les bordages du paquebot étaient couronnés d'une galerie mouvante de têtes agitées, qui toutes se penchaient curieusement pour mieux voir la contrée nouvelle qu'on allait traverser.

Dans cette foule aventureuse il y avait les types

les plus variées : le spéculateur froid et calcula-teur dont les yeux brillaient d'admiration lors-qu'ils rencontraient la grasse prairie au riche aspect, et les splendides forêts bordant le fleuve ; le Français vif et animé ; l'Anglais au visage so-lennel ; le pensif et flegmatique Allemand ; l'É-cossais à la mine résolue, aux vêtements bario-lés de jaune ; l'Africain à peau d'ébène, — une marchandise de contrebande, comme on dit maintenant ; — tous les éléments d'un monde en miniature s'agitaient dans l'étroit navire, et avec eux, passions, projets, haines, amours, vices et vertus.

Sur l'avant se tenaient deux individus parais-sant tout particulièrement sensibles aux beautés du glorieux paysage déployé sous leurs yeux.

Le premier était un jeune homme de haute taille, dont les regards exprimaient une incommen-surable confiance en lui-même. Un large *Panama* ombrageait coquettement sa tête ; un foulard blanc, suspendu avec une savante négligence derrière le chapeau pour abriter le cou contre les ardeurs du soleil, ondulait moelleusement au gré du zéphir ; une orgueilleuse chaîne d'or chargée de breloques s'étalait, fulgurante, sur son gilet ; ses mains, gantées finement, étaient plongées dans les poches d'un léger et adorable paletot en coutil blanc comme la neige.

Il portait sous le bras droit un assez grand portefeuille rempli d'esquisses artistiques et de croquis exécutés d'après nature, au vol de la va-peur.

Ce beau jeune homme, si aristocratique, se nommait M. Adolphus Halleck, dessinateur paysa-giste, qui remontait le Minnesota dans le but d'enrichir sa collection de vues pittoresques.

Les glorieux travaux de Bierstadt sur les paysages et les mœurs des Montagnes-Rocheuses avait rempli d'émulation le jeune peintre, il brûlait du désir de visiter, d'observer avec soin les *Hautes Terres* de l'*Ouest*, et de recueillir une ample moisson d'études sur les nobles montagnes, les plaines majestueuses, les lacs, les cataractes, les fleuves, les chasses, les tribus sauvages de ces territoires fantastiques.

Il était beau garçon ; son visage un peu pâle, coloré sur les joues, d'un ovale distingué annon-çait une complexion délicate mais aristocratique. On n'aurait pu le considérer comme un gandin, cependant il affichait de grandes prétentions à l'élégance, et possédait au grand complet les qualités *sterling* d'un gentleman.

La jeune lady qui était proche de sir Halleck, était une charmante créature, aux yeux animés, aux traits réguliers et gracieux, mais pétillants d'une expression malicieuse. Évidemment c'était un de ces esprits actifs, piquants, dont la saveur bizarre et originale les destinent à servir d'é-pices dans l'immense ragoût de la société.

Miss Maria Allondale était cousine de sir Adol-phus Halleck.

— Oui, Maria, disait ce dernier, en regardant par dessus la tête de la jeune fille, les rivages fuyant à toute vapeur ; oui, lorsque je reviendrai à la fin de l'automne, j'aurai collectionné assez de croquis et d'études pour m'occuper ensuite pendant une demi-douzaine d'années.

— Je suppose que les paysages environnants vous paraissent indignes des efforts de votre pin-ceau, répliqua la jeune fille en clignant les yeux.

— Je ne dis pas précisément cela ;... tenez, voici un *effet* de rivage assez correct ; j'en ai vu de sem-blables à l'Académie. Si seulement il y avait là un groupe convenable d'Indiens pour garnir le second plan, ça ferait un tableau, oui.

— Vous avez donc conservé vos vieilles amours pour les sauvages ?

— Parfaitement. Ils ont toujours fait mon ad-miration, depuis le premier jour où, dans mon enfance, j'ai dévoré les intéressantes légendes de Bas-de-Cuir : j'ai toujours eu soif de les voir face à face, dans leur solitude native, au milieu des calmes montagnes où la nature est sereine, dans leur pureté de race primitive, exempte du contact des Blancs !

— Oh ciel ! quel enthousiasme ! vous ne man-querez pas d'occasions, soyez-en sûr ; vous pour-rez rassasier votre « soif » d'hommes Rouges ! seulement, permettez-moi de vous dire que ces poétiques visions s'évanouiront plus prompte-ment que l'écume de ces eaux bouillonnantes.

L'artiste secoua la tête avec un sourire :

— Ce sont des sentiments trop profondément enracinés pour disparaître aussi soudainement. Je vous accorde que, parmi ces gens-là, il peut y avoir des gredins et des vagabonds ; mais n'en trouve-t-on pas chez les peuples civilisés? Je maintiens et je maintiendrai que, *comme race*, les Indiens ont l'âme haute, noble, chevaleresque ; ils nous sont même supérieurs à ce point de vue.

— Et moi, *je maintiens et je maintiendrai* qu'ils sont perfides, traîtres, féroces!... c'est une repoussante population, qui m'inspire plus d'antipathie que des tigres, des bêtes fauves, que sais-je! . Et vos sauvages du Minnesota ne valent pas mieux que les autres!

Halleck regarda pendant quelques instants avec un sourire malicieux, sa charmante interlocutrice qui s'était extraordinairement animée en finissant.

— Très-bien! Maria, vous connaissez mieux que moi les Indigènes du Minnesota. Par exemple j'ose dire que la source où vous avez puisé vos renseignements laisse quelque chose à désirer, sur le chapitre des informations ; vous n'avez entendu que les gens des frontières, les *Borders*, qui, eux aussi, sont sujets à caution. Si vous vouliez pénétrer dans les bois, de quelques centaines de milles, vous changeriez bien d'avis.

— Ah vraiment! moi, changer d'avis! faire quelques centaines de milles dans les bois! n'y comptez pas, mon beau cousin! Une seule chose m'étonne, c'est qu'il y ait des hommes blancs assez fous pour se condamner à vivre en de tels pays. Oh! je devine ce qui vous fait rire, continua la jeune fille en souriant malgré elle ; vous vous moquez de ce que j'ai fait, tout l'été, précisément ce que je condamne. Eh bien! je vous promets, lorsque je serai revenue chez nous à Cincinnati, cet automne, que vous ne me reverrez plus traverser le Mississipi. Je ne serais point sur cette route, si je n'avais promis à l'oncle John de lui rendre une visite ; il est si bon que j'aurais été désolée de le chagriner par un refus.

« L'oncle John Brainerd » n'était pas, en réalité, parent aux deux jeunes gens. C'était un ami d'enfance du père de Maria Allondale; et toute la famille le désignait sous le nom d'oncle.

Après s'être retiré dans la région de Minnesota en 1856, il avait exigé la promesse formelle, que tous les membres de la maison d'Allondale viendraient le voir ensemble ou séparément, lorsque son *settlement* serait bien établi.

Effectivement, le père, la mère, tous les enfants mariés ou non, avaient accompli ce gai pélerinage : seule Maria, la plus jeune, ne s'était point rendue encore auprès de lui. Or, en juin 1862, M. Allondale l'avait amenée à Saint-Paul, l'avait embarquée, et avait avisé l'oncle John de l'envoi du gracieux colis : ce dernier l'attendait, et se proposait de garder sa gentille nièce tout le reste de l'été.

Tout s'était passé comme on l'avait convenu ; la jeune fille avait heureusement fait le voyage, et avait été reçue à bras ouverts. La saison s'était écoulée pour elle le plus gracieusement du monde : et, parmi ses occupations habituelles, une correspondance régulière avec son cousin Adolphe n'avait pas été la moins agréable.

En effet, elle s'était accoutumée à l'idée de le voir un jour son mari, et d'ailleurs, une amitié d'enfance les unissait tous deux. Leurs parents étaient dans le même négoce ; les positions des deux familles étaient également belles ; relations, éducation, fortune, tout concourait à faire présager leur union future, comme heureuse et bien assortie.

Adolphe Halleck avait pris ses grades à Yale, car il avait été primitivement destiné à l'étude des lois. Mais, en quittant les bancs, il se sentit entraîné par un goût passionné pour les beaux-arts, en même temps qu'il éprouvait un profond dégoût pour les grimoires judiciaires.

Pendant son séjour au collège, sa grande occupation avait été de faire des *charges*, des pochades, des caricatures si drôlatiques que leur envoi dans sa famille avait obtenu un succès de rire inextinguible : naturellement son père de vint fier d'un tel fils; l'orgueil paternel se communiqua au jeune homme ; il fut proposé par lui, et décrété par toute la parenté qu'il serait artiste : on ne lui demanda qu'une chose : de devenir un grand homme.

Lorsque la guerre abolitionniste éclata, le jeune Halleck bondit de joie, et, à force de diplomatie, parvint à entrer comme dessinateur expéditionnaire dans la collaboration d'une importante feuille illustrée. Mais le sort ne le servit pas précisément comme il l'aurait voulu : au premier engagement, lui, ses crayons et ses pinceaux furent faits prisonniers. Heureusement, il se rencontra, dans les rangs ennemis, avec un officier qui avait été son camarade de classes, à Yale. Halleck fut mis en liberté, et revint au logis, bien résolu à chercher désormais la gloire partout ailleurs que sous les drapeaux.

Les pompeuses descriptions des glorieux paysages du Minnesota que lui faisait constamment sa cousine, finirent par décider le jeune artiste à faire une excursion dans l'Ouest. Mais il fit tant de stations et chemina à si petites journées, qu'il mit deux mois à gagner Saint-Paul.

Cependant, comme tout finit, même les flâneries de voyage, Halleck arriva au moment où sa cousine quittait cette ville, après y avoir passé quelques jours et il ne trouva rien de mieux que de s'embarquer avec elle dans le bateau par lequel elle effectuait son retour chez l'oncle John.

Telles étaient les circonstances dans lesquelles nos jeunes gens s'étaient réunis, au moment où nous les avons présentés au lecteur.

— D'après vos lettres, l'oncle John jouit d'une santé merveilleuse? reprit l'artiste, après une courte pause.

— Oui : il est étonnant. Vous savez les craintes que nous concevions à son égard, lorsqu'après ses désastres financiers, il forma le projet d'émigrer, il y a quelques années? Mon père lui offrit des fonds pour reprendre les affaires : mais l'oncle persista dans ses idées de départ, disant qu'il était trop âgé pour recommencer cette vie là, et asse. jeune pour devenir un « homme des frontières. » Il a pourtant cinquante ans passés, et sur sept enfants, il en a cinq de mariés : deux seulement sont encore à la maison, Will et Maggie.

— Attendez un peu..., il y a quelque temps que je n'ai vu Maggie, ça commence à faire une grande fille. Et Will aussi,... il y a deux ans c'était presque un homme.

— Maggie est dans ses dix-huit ans : son frère à quatre ans de plus qu'elle.

Sans y songer, Adolphe regarda Maria pendant qu'elle parlait; il fut tout surpris de voir qu'elle baissa les yeux et qu'une rougeur soudaine envahit ses joues. Ces symptômes d'embarras ne durèrent que quelques secondes; mais Halleck les avait surpris au passage : cela lui avait mis en tête une idée qu'il voulut éclaircir.

— Il y a un piano chez l'oncle John, je suppose? demanda-t-il.

— Oh oui! Maggie n'aurait pu s'en passer. C'est un vrai bonheur pour elle.

— Naturellement.... Ces deux enfants-là n'ont pas à se plaindre; ils ont une belle existence en perspective. Will a-t-il l'intention de rester-là, et de suivre les traces de son père?

— Je ne le sais pas.

— Il me semble qu'il a dû vous en parler. Tout en parlant, il regarda Maria en face et la vit rougir, puis baisser les yeux. L'artiste en savait assez; il releva les yeux sur le paysage, d'un air rêveur, et continua la conversation.

— Oui, le petit Brainerd est un beau garçon; mais, à mon avis, il ne sera jamais un artiste. A-t-il fini son temps de collège?

— Dans deux ans seulement.

— Quel beau soldat cela ferait! notre armée a besoin de pareils hommes.

— Will a fait ses preuves. Il a passé bien près de la mort à la bataille de Bullrun. La blessure qu'il a reçue en cette occasion est à peine guérie.

— Diable! c'était sérieux! quel était son commandant; Stonewal, Jackson, ou Beauregard?

— Adolphe Halleck !!

L'artiste baissa la tête en riant, pour esquiver un coup de parasol que lui adressait sa cousine furieuse.

— Tenez, Maria, voici ma canne, vous pourriez casser votre ombrelle.

— Pourquoi m'avez-vous fait cette question?

— Pour rien, je vous l'assure...

La jeune fille essaya de le regarder bravement,

sans rire et sans rougir ; mais cette tentative était au-dessus de ses forces, elle baissa la tête d'un air mutin.

— Allons! ne vous effarouchez pas, chère! dit enfin le jeune homme avec un calme sourire. Ce petit garçon est tout à fait honorable, et je serais certainement la dernière personne qui voudrait en médire. Mais revenons à notre vieux thème, les sauvages. En verrai-je quelque peu, pendant mon séjour chez l'oncle John ?

— Cela dépend des quantités qu'il vous en faut pour vous satisfaire. *Un seul*, pour moi, c'est beaucoup trop. Ils rôdent sans cesse dans les environs ; vous ne pourrez faire une promenade sans les rencontrer.

— Alors, je pourrai en *portraicturer* deux ou trois?

— Sur ce point, voici un renseignement précis. Prenez un des plus horribles vagabonds des rues de New-York ; passez lui sur le visage une teinte de bistro cuivré; mettez-lui des cheveux blonds retroussés en plumet et liés par un cordon graisseux; affublez-le d'une couverture en guenilles; vous aurez un Indien Minnesota pur sang.

— Et les femmes, en est-il de même?

— Les femmes !... des squaws, voulez-vous dire ! Leur portrait est exactement le même.

— Cependant nous sommes dans « la région des Dacotahs, le pays des Beautés, » dont parle le poète Longfellow dans son ouvrage intitulé Hiawatha.

— Il est bien possible que ce soit le pays auquel vous faites allusion. Dans tous les cas, c'est pitoyable qu'il ne l'ait pas visité avant d'écrire son poème, — Néanmoins, poursuivit la jeune fille, pour être juste, je dois apporter une restriction à ce que je viens de vous dire : les Indiens convertis au christianisme sont tout à fait différents. Ils ont laissé de côté, mœurs, allures et vêtements sauvages, pour adopter ceux de la civilisation ; ils sont devenus des créatures passables. J'en ai vu plusieurs, et, le contraste frappant qu'ils offrent en regard de leurs frères barbares, m'a porté à en dire du bien. Je pourrais vous en nommer; Chaskie, Paul, par exemple, qui seraient dignes de servir de modèles à beaucoup d'hommes blancs.

— Ainsi, vous admettrez qu'il se trouve parmi eux des êtres humains?

— Très-certainement. Il y en a un surtout qui vient parfois rendre visite à l'oncle John. Il est connu sous le nom de *Jim Chrétien* ; je peux dire que c'est un noble garçon. Je ne craindrais point de lui confier ma vie en toute circonstance.

— Mais enfin, Maria, parlant sérieusement, ne pensez-vous pas que ces mêmes hommes Rouges dont vous faites si peu de cas, ne sont devenus pervers que par la fatale et détestable influence des Blancs. Ces trafiquants !... Ces agents !...

— Je ne puis vous le refuser. Il est tout-à-fait impossible aux missionnaires de lutter contre les machinations de ces vils intrigants. Pauvres, bons missionnaires ! voilà des hommes dévoués ! Je vous citerai le docteur Williamson qui a fourni une longue et noble carrière, au milieu de ces peuplades farouches, se heurtant sans cesse à la mort, à des périls pires que la mort ! tout cela pour leur ouvrir la voie qui mène au ciel ! Et le Père Riggs, qui, depuis trente-cinq ans, erre autour du *Lac qui parle*, ou *Jyedan*, comme les Indiens l'appellent. C'est un second apôtre saint Paul ; dans les bois, dans les eaux, dans le feu, en mille occasions, sa vie a été en péril : un jour sa misérable hutte brûla sur sa tête ; il ne put s'échapper qu'à travers une pluie de charbons ardents. Eh bien ! il bénissait le ciel d'avoir la vie sauve, pour la consacrer encore au salut de ses chères ouailles !

— Je suppose que ces pauvres missionnaires sont relevés et secourus de temps en temps, dans ces postes périlleux ?

— Pas ceux-là, du moins ! Ils se croiraient indignes de l'apostolat s'ils faiblissaient un seul instant; cette lutte admirable, ils la continueront jusqu'à la mort. Pour savoir ce que c'est que le sublime du dévouement, il faut avoir vu de près le missionnaire Indien !

— Ah ! voici un changement de décors, à vue, dans le paysage : regardez-moi ça ! s'écrie le jeune artiste en ouvrant son album et taillant ses crayons ; je vais croquer ce site enchanté.

— Vous n'aurez pas le temps, mon cousin.

Regardez par-dessus la rive, à environ un quart de mille; voyez-vous une voiture qui est proche d'un bouquet de sycomores; elle est attelée d'un cheval: un jeune homme se tient debout à côté.

Adolphe implanta gravement son lorgnon dans l'œil droit, et inspecta les bords du fleuve pendant assez longtemps avant de répondre.

— J'ai quelque idée d'avoir aperçu ce dont vous me parlez. Quel est le propriétaire, est-ce l'oncle John?... dit-il enfin.

— Oui; et je pense que c'est Will qui m'attend. Un petit temps de galop à travers la prairie, et nous serons arrivés au terme de notre voyage.

CHAPITRE II

LÉGENDES DU FOYER

Après avoir fait des tours et des détours sans nombre, le petit steamer vira de bord se rangea sur le rivage, mouilla son ancre, raidit une amarre, jeta son petit pont volant, et nos deux jeunes passagers débarquèrent.

— Ah! Will! c'est toi?... Comment ça va, vieux gamin?...

Cette exclamation d'Halleck s'adressait à un robuste et beau garçon, bronzé par le soleil et le hâle du désert, mais qui demeura tout interdit, ne reconnaissant pas son interlocuteur.

— Mais, Will! vous ne voyez donc pas notre cousin Adolphe? demanda Maria en riant.

— Ha! ha! le soleil me donnait donc dans l'œil de ce côté-là! répondit sur-le-champ le jeune *Settler*; ça va bien, Halleck?... je suis ravi de vous voir! vous êtes le bienvenu chez nous, croyez-le.

— Je vous crois, mon ami, répondit Halleck en échangeant une cordiale poignée de main; sans cela, je ne serais point venu. Ah! mais! ah mais! vous avez changé, Will! Peste! vous voilà un homme! je vous ai tenu au bout de mon lorgnon pendant dix minutes, et, jamais je n'aurais soupçonné votre identité, n'eut été Maria qui n'a su me parler que de vous.

— Est-il impertinent! mais vous êtes un monstre! Vingt fois j'ai eu mon ombrelle levée sur votre tête pour vous corriger, mais je vais vous punir une bonne fois!

— Prenez ma canne, cousine, ce sera mieux que votre parasol.

Chacun se mit à rire, on emballa valise, portefeuille, album et boîtes de peinture dans le caisson; puis on songea au départ.

— Crois-moi, Will, prend place à côté de moi, laissons-là conduire si elle y consent; cet exercice lui occupera les deux mains, de cette façon j'aurai peut-être quelque chance de pouvoir causer en paix avec toi. Y connaît-elle quelque chose, aux rênes?

— Je vais vous démontrer ma science! s'écria malicieusement la jeune fille, pendant que Will Brainerd s'asseyait derrière elle, à côté d'Adolphe.

— Je vous ai en grande estime sur tous les points, commença ce dernier, mais vous êtes peut-être présomptueuse au-delà... — Ah! mon Dieu!

L'artiste ne put continuer, il venait de tomber en arrière dans la voiture, renversé par le brusque départ de l'ardent trotteur auquel la belle écuyère venait de *rendre la main*. Après avoir télégraphié quelques instants des pieds et des mains, Halleck se releva, non sans peine, en se frottant la tête; son calme imperturbable ne l'avait point abandonné, il se réinstalla sur la banquette fort adroitement et soutint sans sourciller le feu de la conversation.

Cependant ses tribulations n'étaient pas finies; miss Maria avait lancé le cheval à fond de train, et lui faisait exécuter une vraie course au clocher par-dessus pierres, troncs d'arbres, ruisseaux et ravins; tellement que pour n'être pas lancé dans les airs comme une balle, Adolphe se vit obligé de se cramponner à deux mains aux courroies du siège: en même temps la voiture faisait, en roulant, un tel fracas, que pour causer il fallait littéralement se livrer à des vociférations.

Au bout d'un mille, à peine, l'album sauta hors du caisson, ses feuilles s'éparpillèrent à droite et à gauche, dans un désordre parfait. On mit bien un grand quart d'heure pour ra-

J'ai quelque idée d'avoir aperçu ce dont vous me parlez. (Page 8.)

masser les croquis indisciplinés et les paysages voltigeants ; puis, lorsqu'ils furent dûment emballés, on recommença la même course folle.

Cependant la nuit arrivait, on avait déjà laissé bien des milles en arrière; le terme du voyage n'apparaissait pas.

— Peut-on espérer d'atteindre aujourd'hui le logis de l'oncle John? demanda Halleck entre deux cahots qui avait failli lui faire rendre l'âme.

— Mais oui ! nous ne sommes plus qu'à un mille ou deux de la maison. Regardez là-bas, à gauche ; voyez-vous cette lumière à travers les feuillages?

— Ah! ah! très-bien ; j'aperçois.

— C'est la case : nous y serons dans quelques instants.

— Si vous le permettez, je prendrai les rênes ? j'ai peur, mais réellement peur qu'il lui arrive quelque accident.

— J'ai pris sur moi la responsabilité de l'attelage, et je ne m'en considérerai comme déchargée que lorsque je l'aurai amené jusqu'à la porte.

— Eh bien! Maria, souffrez que je vous donne un conseil d'ami pendant le trajet qui nous reste à faire d'ici à la maison. Méfiez-vous de votre science en sport : l'été dernier, je promenais une dame à Central Park, elle a eu la même lubie que vous ; celle de prendre les rênes et de conduire à fond de train ;... vlan ! elle jette la roue sur une borne ! et patatra ! voilà le tilbury en l'air : il est retombé en dix morceaux, nous deux compris... Coût, vingt dollars !... Le cheval abattu, couronné, hors de service... Coût, trente dollars !... Total, cinquante : c'était un peu cher pour une fantaisie féminine !

Tout en parlant, riant, se moquant, nos trois voyageurs finirent par arriver.

L'hospitalière maison de l'oncle John, quoique dépendant actuellement du comté de Minnesota, avait été originairement construite dans l'Ohio. Transportée ensuite vers l'Ouest, à la recherche d'un site convenable, elle avait un peu subi le sort du temple de Salomon, tout y avait été fait par pièces et par morceaux ; à tel point que les accessoires en étaient devenus le principal. Finalement, d'additions en additions, les bâtiments étaient arrivés à représenter une masse imposante. Dans ce pêle-mêle de toits ronds, plats, pointus, de hangars, de murailles en troncs d'arbres, de cours, de ruelles, de galeries, d'escaliers, on croyait voir un village : on y trouvait assurément le confortable, le luxe, l'opulence sauvage.

Lorsque la voiture s'arrêta, au bout de sa course bruyante, la lourde et large porte s'ouvrit en grinçant sur ses gonds ; un flot de lumière en sortit, dessinant en clair-obscur la silhouette d'un homme de grande taille, coiffé d'un chapeau bas et large, en manches de chemise, et dont la posture indiquait l'attente.

Dès que ses regards eurent pénétré dans les profondeurs du véhicule, et constaté que trois personnes l'occupaient, il fut fixé sur leur identité et se répandit en joyeuses exclamations.

— Whoa ! Dolly ! Whoa ! cria-t-il d'une voix de stentor ; viens recevoir le wagon. Est-ce vous, Adolphe ? poursuivit-il, en prenant le cheval par la bride.

— D'abord, affirmez-moi, cher oncle, que vous tenez solidement cet animal endiablé : bon ! Maintenant, je m'empresse de répondre : oui, c'est moi, qui me réjouis de vous rendre visite.

— Ah ! toujours farceur ! Ravi de te voir, mon garçon ! Allons, saute en bas, et courons au salon. Là, donne la main ; voilà ta valise ; en avant, marche ! Je vous suivrai tous lorsque Dolly sera arrivé.

Les trois voyageurs furent prompts à obéir et en entrant dans le *parloir*, furent cordialement accueillis par leur excellente et digne tante, mistress Brainerd. Maggie quitta avec empressement le piano pour courir au-devant de son frère et de sa cousine ; mais elle recula timidement à l'aspect inattendu d'un étranger. Cependant elle reconnut bien vite Adolphe qui avait été son compagnon d'enfance, et ne lui laissa pas le temps de dire son nom.

— Eh quoi ! c'est vous, mon cousin ? s'écria-t-elle avec un charmant sourire ; quelle frayeur vous m'avez faite !

— Je m'empresse de la dissiper ; répliqua l'artiste en lui tendant la main avec son sans façon habituel ; touchez-là ! cousine, je suis un *revenant*, mais en chair et en os.

— Hé ! jeunes gens ! nous vous attendions pour souper ; interrompit l'oncle John, qui venait d'arriver ; je ne crois pas nécessaire de vous demander si vous avez bon appétit.

— Ceci va vous être démontré, répondit Adolphe en riant ; quoique Maria m'ait secoué à me faire perdre tout bon sentiment, je sens que je me remets un peu.

On s'attabla devant un de ces abondants repas qui réjouissent les robustes estomacs du Forestier et du laborieux Settler, mais qui feraient pâlir un citadin : chacun aborda courageusement son rôle de joyeux convive.

L'oncle John était d'humeur joviale, grand parleur, grand hâbleur, possédant la rare faculté de débiter sans rire les histoires les plus hétéroclites. Sa femme, douce et gracieuse, un peu solennelle, méticuleuse sur les convenances, grondait de temps en temps lorsque quelqu'un de la famille enfreignait l'étiquette dont elle donnait le plus parfait exemple : mais ses reproches faisaient fort minime impression sur mistress Brainerd.

Le jeune Will, modeste et réservé pour son âge, quoiqu'il eût des dispositions naturelles à une gaîté communicative, était loin d'atteindre le niveau paternel. Maggie était extrêmement timide, parlait peu, se contentant de répondre lorsqu'on l'interrogeait, ou lorsque l'imperturbable Adolphe la prenait malicieusement à partie.

Quant à Maria, c'était la *folle* du logis ; rien ne pouvait suspendre son charmant babil ; son intarissable conversation était un feu d'artifice ; elle tenait tout le monde en joie.

Quoiqu'on fût à la fin du mois d'août, la soirée était tiède, admirable, parfumée comme une nuit d'été.

— Oui ! l'atmosphère est pure dans nos belles prairies de l'Ouest, dit M. Brainerd en réponse à une observation d'Halleck ; toute la belle saison est ainsi. Tu as bien fait de fuir les mortelles émanations des villes.

— Hum ! je ne les ai pas entièrement esquivées cette année. En juin, j'étais à New-York, en juillet, à Philadelphie ; il y avait de quoi rôtir !

— Eh bien ! puisque te voilà avec nous, tu peux passer l'hiver ici. Tu auras une idée du froid le plus accompli que tu aies rencontré de l'autre côté du Mississipi.

— Je m'aperçois que vous êtes disposé à proclamer la supériorité de cette région, en tous points : mais si vous me prophétisez un hiver encore plus rigoureux que ceux de l'Est, je serai fort empressé de vous quitter avant cette lamentable saison.

— Froid !... un hiver froid :... Pour voir ça, il aurait fallu être ici l'année dernière. Polly ? vous souvenez-vous ? Comment trouvez-vous ceci, mon neveu ? Les yeux d'un homme gelaient instantanément, son nez se transformait en une pyramide de glace, s'il se hasardait à aspirer une bouffée d'air extérieur, en ouvrant la porte !

— Si jamais chose pareille m'arrive, je considérerai cela comme une remarquable occurrence.

— Oh ! ma femme ne l'oubliera jamais ! Un jour, le plus gros de nos porcs s'avise de sortir de l'écurie. Je le suivais par derrière, et je remarquais sa démarche : elle devenait successivement lente et embarrassée, comme si ses nerfs s'étaient raidis intérieurement. Tout-à-coup il s'arrêta avec un sourd grognement ; il me fut impossible de le faire bouger de place : oui, j'eus beau le tirer en long et en large, rien ne fit. Alors, je m'aperçus que ses pieds étaient gelés dans leurs empreintes, ils y étaient fixés, fermes comme rocs ; plus moyen de remuer ! Heureusement le dégel arriva au mois de février ; alors le pauvre animal put rentrer à l'écurie.

— Combien de temps était-il resté dans cette curieuse position ?

— Eh ! une semaine, au moins : n'est-ce pas, Polly ?

— Oh ! John ! fit mistress Brainerd avec un accent de reproche.

— Bien plus ! poursuivit impitoyablement l'oncle John ; Maggie, ayant entrepris de jouer la fameuse sonate, *Étoile et Bannière*, frappa inutilement les touches, pas un son ne sortit ! Puis, lorsqu'on fit du feu, l'atmosphère dégela, les notes alors s'envolèrent une à une et jouèrent un air bizarre. Le même jour, l'argent vif du thermomètre descendit si bas qu'il sortit par-dessous l'instrument, depuis lors il n'a plus pu marcher : Oui, mon pauvre Dolpho, tous les hivers nous avons des froids pareils.

— Eh bien, mon oncle, il n'y a pas de danger que je reste ici pour les affronter, *vos hivers !* Comment les Indiens peuvent-ils les supporter ?

— Ah ! je savais bien que notre cousin ne resterait pas longtemps sans aborder ce sujet, s'écria rieusement Maria ; je m'étonnais à chaque instant de ne pas l'avoir entendu faire une question là-dessus.

— Comment ils les supportent ?... Avez-vous jamais entendu dire qu'un Indien soit mort de froid ?... Dans l'hiver dont je te parle, Christian Jim vint ici, au retour de la chasse. Ce gaillard-là avait tout juste assez de vêtements pour ne pas nous faire rougir : Eh bien ! lorsque sa femme lui demande s'il avait froid, il se mit à rire et retroussa ses manches.

— J'aimerais voir cet Indien. De quelle tribu est-il ? demanda Halleck avec une animation extraordinaire.

— Il est Sioux : ces gens-là pullulent autour de nous.

— Peuplade splendide ! race noble, chevaleresque, superbe ! n'est-ce pas ?

Pour la première fois de la soirée, l'oncle John éclata d'un rire retentissant ; la bonne mistress Brainerd, elle-même, ne put se contenir. Quant à Maria, son hilarité n'avait pas de bornes.

— Ah çà ! mais, qu'avez-vous donc tous ?... demanda l'artiste un peu décontenancé par l'accueil fait à son interjection.

— Dans trois mois d'ici, tu riras plus fort que

nous, mon cher enfant, se hâta de dire mistress Brainerd pour le consoler; la poésie et le romantique de tes idées ne pourront tenir devant la vulgaire réalité.

— Quel malheur ! Maria m'en a dit autant sur le paquebot. Je croyais avoir la chance de pénétrer assez loin dans l'Ouest, pour y voir la vraie race rouge, dans sa pureté originaire.

— Oh ! tu en trouveras, mon bon, reprit l'oncle John ; tu verras des spécimens *purs* dans cette région ; à première vue tu en auras assez.

— J'aimerais à en dessiner quelques-uns,... les chefs les plus soignés ?... J'ai entendu parler d'un *Petit-Corbeau*, lorsque j'étais à Saint-Paul : voilà un portrait que je voudrais faire, ah ! comme *j'enlèverais* ça !

— Dans mon opinion, ce sera plutôt lui qui *t'enlèvera*, si l'occasion se présente. C'est un diable, un brigand incarné, un vrai *Sauvage*.

— A quoi doit-il sa réputation ?

— On ne sait pas trop ; répondit Will ; à peu de chose, assurément : c'est lui qui...

Le jeune homme s'arrêta court : il venait de rencontrer un regard furibond de son père, appuyé d'un « Ahem » vigoureux qui fit résonner les verres.

Ce télégramme échangé entre le père et le fils, ne fut caché pour personne ; peut-être deux ou trois convives en devinèrent la vraie signification : tous demeurèrent pendant quelques instants muets et embarrassés. A la fin, Halleck, avec la présence d'esprit et la courtoisie qui le caractérisaient, s'empressa de détourner la conversation.

— Vous ne pourrez nier, dit-il, que les Hommes rouges n'aient fourni quelques individus remarquables, dignes d'être comparés à nos plus grands généraux ; Philippe, Pontiac, Tecumseh, et quelques autres ; sans doute il n'y en a pas en abondance parmi eux, mais je vous le répète, mes amis, ce qui caractérise le Sauvage, c'est la *force*, *vis antica !* ajouta-t-il en promenant autour de lui un regard convaincu.

— Nul doute qu'Albert Pike ne se soit aperçu de cela, depuis longtemps ; riposta l'oncle John avec un sérieux perfide : et j'estime que si nous avions accepté les alliances offertes par les Co-

manches dans la guerre du Mexique, le *casus belli* serait aujourd'hui tranché.

— Vous êtes tous ligués contre moi, je perds mon éloquence avec vous. Maggie ! ne pourriez-vous pas prendre un peu mon parti ?

La jeune fille rougit à cette interpellation inattendue, et répondit avec une petite voix douce :

— Je serais bien ravie, mon cousin, d'être votre alliée. Jadis, j'aurais eu un peu les mêmes idées que vous, mais une courte résidence ici a suffi pour les dissiper. Je crois, en vérité, que notre existence occidentale ne renferme aucun élément romantique.

— Eh bien ! je ne vous parlerai plus raison puisque vous êtes tous contre moi ! Oncle John, quel gibier y a-t-il dans le Minnesota ?

— De toute espèce. Depuis l'ours gris jusqu'à la fourmi.

— Vous n'avez pas la prétention de me faire croire que, dans vos parages, on trouve des monstres pareils ?

— Quoi ? des fourmis ?

— Non ; des ours grizzly.

— On ne les voit guères hors des montagnes ; mais on rencontre assez souvent les autres espèces dans les prairies. Il n'y a pas une semaine que Maggie, en cueillant des fraises, se trouva, sans s'en douter, nez à nez avec un de ces gros messieurs bruns.

— Vous voulez plaisanter! s'écria Halleck dans la consternation : et, comment cela s'est-il passé ?

— On ne pourrait dire lequel fut plus effrayé, de la fille ou de l'ours. Chacun s'est sauvé à toutes jambes ; l'ours, peut-être, court encore. En en parlant, Dolphe, voudriez-vous manger une tranche d'ours braisé ?

— Oh! ne me parlez pas de ça!! j'aimerais mieux manger du mulet ou du cheval !

— Peuh! je ne dis pas.... ces animaux ont un autre goût.... un autre fumet...

— Je vous crois, et ne désire pas faire la comparaison. Peut-on bien supporter pareille mangeaille ! Allez donc proposer à un habitué de la ménagerie de New-York des beefsteaks de *Sampson* l'ours qui a mangé le vieil Adam Grizzly!

— Enfin, mon cher neveu, tu ferais comme les Indiens, après tout : et tu y prendrais goût, peut-être.

Halleck fit une grimace négative et tendit son assiette à mistress Brainerd, en disant :

— Chère tante, veuillez me donner une petite tranche de votre excellent roastbeef; je me sens un appétit féroce, ce soir.

— Vous ne pouvez vous imaginer....; si c'était bien cuit, bien tendre, bien servi devant vous... observa le jeune Will avec un tranquille sourire; vous en digéreriez très-bien une portion.

— Impossible, impossible! je vous le répète. Il y a des choses auxquelles on ne peut se faire. Je ne suis pas difficile à contenter, cependant je sens que jamais je ne pourrai supporter pareille nourriture.

— Mais les Indiens?...

— Ah! si j'en étais un, le cas serait différent; mais je suis dans une peau blanche, et je tiens à mes goûts.

— Enfin! poursuivit l'oncle John qui semblait prendre un plaisir tout particulier à insister sur ce point; tu pourrais bien en goûter un morceau exigu, pas plus gros que le petit doigt.

— Mon oncle! inutile! De l'ipécacuanha, du ricin, de l'eau-forte, tout ce que vous voudrez, excepté cet horrible régal!

— En tout cas, vous reviendrez une seconde fois à ceci, observa mistress Brainerd en prenant l'assiette de l'artiste, avec son sourire doux et calme; il ne faut pas que vous sortiez de table, affamé.

— Volontiers, ma tante, bien volontiers : je suis tout honteux ce soir, d'avoir un appétit aussi immodéré, ou d'être aussi gourmand, car ce roastbeef est délicieux.

— Ah! mon garçon! quelqu'un sans appétit, dans ce pays-ci, serait un phénomène; va! mange toujours! reprit l'oncle John facétieusement : je n'ai qu'un regret, c'est de ne pouvoir te convertir à l'*urso-phagie*.

— Voyons! ne me parlez plus de ça! je n'en toucherais pas une miette, pour un million de dollars.

— Finalement, vous êtes content de votre souper?

— Quelle question! c'est un festin digne de Lucullus.

— Mon mignon! tu n'as pas mangé autre chose que des tranches d'ours noir!

— Ah-oo-ah! rugit l'artiste en se levant avec furie, et prenant la fuite au milieu de l'hilarité générale.

CHAPITRE III

UNE VISITE

La nuit, — une belle nuit du mois d'août, — était splendide, calme, sereine, illuminée par une lune éclatante et pure; l'atmosphère était transparente et d'une douceur veloutée; il faisait bon vivre!

Après le souper, Maggie s'était mise au piano et avait joué quelques morceaux, sur l'instante requête de l'artiste ; chacun s'était assis au hasard sous l'immense portique dont l'ampleur occupait la moitié de la maison.

Halleck et le jeune Will fumaient leurs havanes avec béatitude; l'oncle John avait préféré une énorme pipe en racine d'érable, dont la noirceur et le *culottage* étaient parfaits.

Halleck était à une des extrémités du portail; après lui étaient Maria et Maggie; plus loin se trouvait Will; venaient ensuite M. et mistress Brainerd.

La nuit était si calme et silencieuse que, sans élever la voix, on pouvait causer d'une extrémité à l'autre de l'immense salle. La conversation devint générale et s'anima, surtout entre Maria et l'oncle John. Halleck s'adressait particulièrement à Maggie, sa plus proche voisine.

— Maria m'a parlé d'un Indien, un Sioux, je crois, qui est grand ami de votre famille? lui demanda-t-il.

— Christian Jim, vous voulez dire?...

— C'est précisément son nom. Savez-vous où il habite?

— Je ne pourrai vous dire : je crois bien que sa demeure est aux environs de la *Lower Agency*; en tout cas il vient souvent chez nous. Il a été converti. Il y a quelques années, dans une occasion périlleuse, papa lui a sauvé la vie; depuis lors Jim lui garde une reconnaissance à toute épreuve : il nous aime peut-être encore plus que les missionnaires.

— Un vrai Indien n'oublie jamais un service ni une injure, observa Halleck sentencieusement; quelle espèce d'individu est cet Indien ?

— Il personnifie votre idéal de l'Homme-Rouge, au moral, du moins, sinon au physique. C'est tout ce qu'on peut rêver de noble, de bon; mais il est grossier comme tous ceux de sa race.

Maggie s'étonnait de soutenir si bien la conversation, contrairement à ses habitudes de silence. Elle subissait, sans s'en apercevoir, l'influence d'Halleck, dont la délicate urbanité savait mettre à l'aise tout ce qui l'entourait ; le jeune artiste avait, en outre, le don de placer la conversation sur un terrain favorable pour la personne avec laquelle il s'entretenait.

Tout le monde n'a pas ce talent aussi rare qu'enviable.

Le coup d'œil général de cette réunion intime aurait fait un tableau charmant et pittoresque ; dans un angle, la figure bronzée du vieux Brainerd demi noyé dans les nuages tourbillonnants qu'exhalait sa pipe; à côté de lui, le visage calme et souriant de son excellente femme. Un contraste harmonieux de la force un peu rude et de la bonté la plus douce. Au centre, éclairée par les plus vifs rayons de la lune, Maria, rieuse, épanouie, alerte, toujours en mouvement; on aurait dit un lutin faisant fête à la nuit. Plus loin, Adolphe, son feutre pointu sur l'oreille, les jambes croisées, nonchalamment renversé dans son fauteuil, envoyant dans l'air, par bouffées régulières, les blanches spirales de son cigare : Maggie, naïve et gracieuse, ses grands yeux noirs et expansifs fixés sur son cousin avec une attention curieuse, toute empreinte de grâce innocente et juvénile, ressemblant à la fée charmante de quelque rêve oriental.

Vraiment, c'était un délicieux intérieur qui aurait séduit l'artiste le plus difficile.

Effectivement Adolphe était ravi, surtout quand ses yeux rencontraient les regards de sa gentille cousine.

— J'aimerais beaucoup voir ce Jim, observa-t-il après un long silence admiratif, je suppose que le surnom de Christian lui a été donné au sujet de sa conversion.

— C'est plutôt, je crois, parce que sa conduite exemplaire lui a mérité ce titre. Lorsque mon père l'a rencontré pour la première fois, il était très-méchant, ivrogne, brutal, querelleur, et il avait tué, disait-on, plus d'un blanc. Il rôdait de préférence dans les hautes régions du Minnesota, où les caravanes du commerce ont toujours couru de si grands dangers.

— Mais, depuis, il est complètement changé ?

— Si complètement qu'on peut dire, à la lettre, que c'est un autre homme. Il est allé jusqu'à prendre un nom anglais, comme vous voyez. Il y a quelques années, sa passion invincible était l'abus des boissons ; pour un flacon de whisky il aurait vendu jusqu'au dernier haillon qu'il avait sur le corps. Depuis sa conversion, en aucune circonstance il ne s'est laissé tenter ; il est resté sobre comme il se l'était promis.

— C'est là un type remarquable. Par conséquent, miss Maggie, continua Adolphe en se retournant vers la jeune fille, vous admettrez que je ne me suis pas entièrement trompé dans mon appréciation du caractère indien.

— Mais précisément l'Indien a disparu, le chrétien seul est resté.

Cette remarque incisive était la réfutation la plus complète qui eût été opposée au système d'Halleck ; venant d'une aussi jolie bouche, elle avait pour lui autant d'autorité que si elle eût émané d'un philosophe ou d'un général d'armée. Il resta pendant quelques instants silencieux, en admiration devant le bon sens ingénu de la jeune fille.

— Mais enfin, vous ne pourrez nier qu'il y ait eu des Sauvages, même non chrétiens, dont le caractère et la conduite aient été chevaleresques et nobles, de façon à mériter des éloges ?

— Cela est fort possible, mais, sur une grande quantité d'Indiens que j'ai vus, il ne s'en est pas rencontré un seul réalisant ces belles qualités.

— Ah ! mais, voici Jim en personne, qui arrive.

La porte, en effet, venait de s'ouvrir sans bruit.

l'artiste aperçut, s'avançant sous le portique, une haute forme brune enveloppée des pieds à la tête par une grande couverture blanche.

Du premier regard, l'artiste reconnut un Indien : la démarche assurée et confiante du nouveau venu faisait voir qu'il se sentait dans une maison amie.

En arrivant, sa voix basse et gutturale mais agréable, fit entendre ce seul mot :

— Bonsoir.

Chacun lui répondit par une salutation semblable, et, sans autre discours, il s'assit sur une marche d'escalier, entre l'oncle John et Maria. Il accepta volontiers l'offre d'une pipe, et sembla absorbé par le plaisir d'en faire usage; ensuite, la conversation recommença comme si aucune interruption ne fut survenue.

Adolphe Halleck ne pouvait dissimuler l'intérêt curieux que lui inspirait ce héros du désert. Sa préoccupation à cet égard devint si apparente que chacun s'en aperçut et s'en amusa beaucoup. Il cessa de causer avec Maggie, et se mit à contempler Jim attentivement.

Ce dernier lui tournait le dos à moitié, de façon à n'être vu que de profil, et du côté gauche. Insoucieux de la chaleur comme du froid, il était étroitement enroulé dans sa couverture ; dans une attitude raide et fière, il exposait à la clarté de la lune son visage impassible, mais dont les traits bronzés réfléchaient les rayons argentés comme l'aurait fait le métal luisant d'une statue. Par intervalles, les incandescences intermittentes de sa pipe l'éclairaient de lueurs bizarres qui accentuaient étrangement sa physionomie caractéristique.

Cet enfant des bois avait un profil mélangé des beautés de la statuaire antique et des trivialités de la race sauvage. Lèvres fines et arquées; nez romain, droit, d'un galbe pur autant que noble; yeux noirs, fendus en amande, pleins de flammes voilées; et à côté de cela, sourcils épais; visage carré, anguleux, front bas et étroit, fuyant en arrière. La partie la plus extraordinaire de sa personne était une chevelure exubérante, noire comme l'aile du corbeau, longue à recouvrir entièrement ses épaules comme une vraie crinière.

Tout ce qui avait été dit précédemment sur son compte avait fortement prédisposé Halleck en sa faveur; aussi, le jeune homme, toujours absorbé par ses romanesques illusions sur les Indiens, tomba, pour ainsi dire, en extase devant cet objet de tous ses rêves. Il s'oublia ainsi, renversé dans son fauteuil, les yeux attentifs, dilatés par la curiosité, tellement que, pendant dix minutes, il oublia son cigare au point de le laisser éteindre.

Il fallut une interpellation de Maria, plus vive que de coutume, pour le rappeler à lui; alors il tira une allumette de sa poche, ralluma son cigare et se penchant vers Maggie:

— Il arrive de la chasse, n'est-ce pas? demanda-t-il.

— Le mois d'août n'est pas une bonne saison pour cela.

— Comment vous êtes-vous procuré cette chair d'ours que nous avons mangée ce soir?...

— Par un hasard tout à fait fortuit; et nous l'avons conservée, spécialement à votre intention aussi longtemps que le permettait la chaleur de la saison. Jim parlez-nous !

— Hooh ! répondit le Sioux en tournant sur ses talons, de manière à faire face à la jeune fille.

— Coucherez-vous ici cette nuit?

— Je ne sais pas, peut-être, répondit-il laconiquement en mauvais anglais: puis il pivota de nouveau sur lui-même avec une précision mécanique, et se remit à fumer vigoureusement.

— Il a quelque chose dans l'esprit, observa Maria; car ordinairement il est plus causeur que cela, pendant le premier quart d'heure de sa visite.

— Peut-être est-il gêné par notre présence inaccoutumée?

— Non; il lui suffit de vous voir ici pour savoir que vous êtes des amis.

— On ne peut connaître tous les caprices d'un Indien; je suppose qu'à l'instar de ses congénères il a aussi des fantaisies et des excentricités.

La soirée était fort avancée, M. Brainerd insinua tout doucement qu'il était l'heure, pour les jeunes personnes, de se retirer dans leur chambre; alors l'oncle John se leva, invita tout le monde à rentrer dans la maison. La lampe demi-éteinte fut rallumée; la famille s'installa confortablement sur des fauteuils moëlleux qui garnissaient le salon.

A ce moment, tous les visages devinrent sérieux, car on se disposait à réciter les prières du soir; M. Brainerd, lui-même, déposa momentanément son air rieur pour se recueillir avec gravité: il prit la Bible, l'ouvrit, mais avant de commencer la lecture, il promena un regard inquisiteur autour de lui.

— Où est Jim? demanda-t-il:

— Il est encore sous le portique, répondit Will; irai-je le chercher?

— Certainement! on a oublié de l'appeler.

Le jeune homme courut vers le Sioux et l'invita à entrer pour la prière.

L'autre, sans sourciller, resta immobile et muet; Will rentra, après un moment d'attente.

— Il n'est pas disposé, à ce qu'il paraît, ce soir, dit-il en revenant; il faudra nous passer de lui.

Maggie s'était mise au piano, et avait fait entendre un simple prélude à l'unisson: toute la portion adolescente de la famille se réunit pour l'accompagner. Will avait une belle voix de basse; Halleck était un charmant ténor; on entonna l'hymne splendide « sweet Hour of Prayers » dont les accents majestueux, après avoir fait vibrer la salle sonore, allèrent se répercuter au loin dans la prairie.

Le chant terminé, chacun reprit son siége pour entendre la lecture du chapitre; ensuite, les exercices pieux se terminèrent par une fervente prière que l'on récita à genoux.

Les jeunes filles allèrent se coucher, sous la conduite de M. Brainerd; les hommes rallumèrent des cigares et s'installèrent de nouveau sur leurs siéges. Chacun d'eux avait une pensée curieuse et inquiète à satisfaire: Halleck voulait approfondir la question Indienne en se livrant à une étude sur Jim: L'oncle John et le cousin Will avaient remarqué un changement étrange dans les allures du Sioux, ils désiraient éclaircir leurs inquiétudes en causant avec lui.

Ils s'acheminèrent donc tout doucement hors du salon et allèrent rejoindre sous le portique

leur hôte sauvage. Ce dernier fumait toujours avec la même énergie silencieuse, et sa pipe illuminait vigoureusement son visage, à chaque aspiration qui la rendait périodiquement incandescente. Il garda un mutisme obstiné jusqu'au moment où l'oncle John l'interpella directement.

— Jim, vous paraissez tout changé ce soir. Pourquoi n'êtes-vous pas venu prendre part à la prière? Vous ne refusez pas d's'dresser vos remerciements au Grand-Esprit qui vous soutient par sa bonté.

— Moi, lui parler tout le temps. Moi, lui parler quand vous lui parlez.

— Dans d'autres occasions vous aviez toujours paru joyeux de vous joindre à nous pour ces exercices.

— Jim n'est pas content: il n'a pas besoin que les femmes s'en aperçoivent.

— Qu'y a-t-il donc d'extraordinaire?

— Les trafiquants Blancs sont des méchants; ils trompent le Sioux, lui prennent ses provisions, son argent, jusqu'à ses couvertures.

— Ça toujours été ainsi.

— L'Indien est fatigué; il trouve ça trop mauvais. Il tuera tous les Settlers.

— Que dites-vous? s'écria l'oncle John.

— Il brûlera la cabane de l'Agency; il tuera hommes, femmes, babys, et prendra leurs scalps.

— Comment savez-vous cela?...

— ... Il a commencé hier; ça brûle encore. Le Tomahawk est rouge.

— Dieu nous bénisse! Et, viendront-ils ici, Jim?

— Je crois pas, peut-être non. C'est trop loin de l'Agency; ils ont peur des soldats.

— Enfin, les avez-vous vus, Jim?

— Oui j'ai vu quelques-uns. Ça contrarie Jim. Il y a trois chrétiens qui sont redevenus Indiens pour tuer les Blancs. C'est mauvais, Jim n'aime pas voir ça, il s'est en allé.

— Fasse le ciel qu'ils ne viennent pas dans cette direction. Si je savais qu'il y eût danger pour l'avenir, nous partirions instantanément.

— Ne serait-il pas convenable de nous embarquer demain, sur le Steamboat, pour Saint-Paul? demanda Halleck, singulièrement ému par les inquiétantes révélations de l'Indien.

Il se prépara à enrichir son album d'une étude sur l'Indien mort. (Page 23.)

— Ah! répliqua l'oncle John en réfléchissant, si nous quittons la ferme, elle sera pillée par ces larrons à peau rouge, en notre absence. Je n'aimerais pas, à mon âge, perdre ainsi tout ce que j'ai eu tant de peine à amasser.

— Mais cependant, père, si notre sûreté l'exige! observa Will.

— S'il en était ainsi je n'hésiterais pas un seul instant; néanmoins, je ne crois pas qu'il y ait à craindre un danger immédiat. C'est probablement une terreur panique dont on s'émeut aujourd'hui, comme cela est arrivé au printemps dernier; le seul vrai danger à redouter c'est que ce désordre prenne de l'extension et arrive jusqu'à nous.

— Les Sauvages sont vindicatifs et implacables lorsque le diable les a soulevés, remarqua sentencieusement Halleck en allumant un autre

Havane; mais, comme je le soutenais tout à l'heure à table, leurs actions même blâmables reposent toujours sur une base honorable. — Christian Jim, voulez-vous ce cigare? il sera, je crois, préférable à votre pipe.

— Je n'en ai pas besoin : répliqua l'autre sans bouger.

— A votre aise! il n'y a pas d'offense! Oncle John, nous disions donc qu'il n'y a pas lieu de s'effrayer?

— Ah! ah! mon garçon, il y a bien réellement un danger, c'est certain; viendra-t-il, ne viendra-t-il pas jusqu'à nous?.. c'est incertain. Avez-vous entendu dire quelque chose de ces troubles pendant que vous étiez sur le steamer?

— Depuis que vous me parlez de tout ça, il me revient un peu dans l'esprit que j'ai dû ouïr murmurer je ne sais quoi au sujet des craintes

2

qu'inspiraient les Sauvages. Mais je ne me suis point préoccupé de ces fadaises; d'ailleurs, je commence à croire que les Blancs par ici n'ont qu'une *to uade*, c'est de dénigrer les Peaux-Rouges.

— Ah! pauvre enfant! comme vous aurez changé d'opinion, lorsque vous serez plus âgé d'un an seulement! dit le jeune Will qui semblait beaucoup plus affecté que son père des mauvaises nouvelles apportées par le Sioux : Les plus funestes légendes que nous aient léguées nos ancêtres sur la barbarie Indienne, ont pris naissance dans ce pays même, dans le Minnesota.

— Sans nul doute, les informations de Jim sont sûres, et il ne voudrait pas sciemment nous tromper, reprit l'oncle John sans prendre garde à cette dernière remarque; je vais tirer cela au clair avec lui. — Jim devons-nous quitter les lieux cette nuit?

L'Indien resta deux bonnes minutes sans répondre. Les bouffées s'envolèrent de sa pipe plus épaisses et plus rapides; son visage se contracta sous les efforts d'une méditation profonde : enfin il lâcha une monosyllabe :

— Non.

— Quand faudra-t-il partir? demanda Will.

— Sais pas. Peux pas dire. Il faut attendre d'en savoir davantage : j'irai voir et je dirai ce que j'aurai vu : peut-être il vaudra mieux rester.

— Enfin, il sera encore temps demain, n'est-ce pas?

— Je l'ignore. Attendez que Jim ait vu : il parlera à son retour.

— Eh bien! je pense que nous pourrons dormir tranquilles cette nuit. En tout cas, nous sommes entre les mains de Dieu, et il fera de nous ce que bon lui semblera. Je suis fâché, mon cher Adolphe, qu'un semblable déplaisir trouble la joie que nous éprouvions tous de votre visite.

— Ne prenez donc pas cela à cœur, par rapport à moi, cher oncle, répliqua l'artiste en renversant la tête et lançant méthodiquement des bouffées, tantôt par l'un tantôt par l'autre coin de la bouche : je suis parfaitement insoucieux de tout cela, et je prolongerais, s'il le fallait, ma visite exprès pour vous convaincre de mon inal-

térable sang-froid en ce qui concerne les Peaux-Rouges. Vous connaissez mon opinion sur les Indiens, je suppose; au besoin, je vais vous la manifester de nouveau.

— L'expérience ne la modifiera que trop! répondit l'oncle John.

— La vérité parle par votre bouche, cher oncle! Lorsque j'aurai été témoin de ces atrocités dont on me menace tant, alors seulement je croirai que les guerriers sauvages ne ressemblent pas à l'idéal de mes rêves.

— Je crains fort...

L'oncle John s'arrêta court; en se retournant par hasard, il venait d'apercevoir dans l'entrebaillement de la porte, le visage inquiet de sa femme, plus pâle que celui d'une morte.

— John! murmura-t-elle; au nom du ciel! de quoi s'agit-il?

Le mari était trop franc pour se permettre le moindre mensonge; il se contenta dire :

— Polly, regagnez votre chambre; je vous dirai ça tout à l'heure.

Mistress Brainerd resta un moment irrésolue, hésitant à obéir et à rester; enfin elle s'éloigna en disant à son mari :

— Ne vous faites pas attendre longtemps, John, je vous en supplie.

Aussitôt qu'elle fût hors de portée de la voix, l'oncle John reprit :

— Allons nous reposer; il est temps de dormir pour réparer nos forces. Allons Jim!

— Non, il faut partir, moi, répondit le Sioux.

— Vous ne voulez pas passer la nuit avec nous, mon ami? lui demanda Halleck, de sa voix affable et gracieuse.

— Je ne peux rester; il faut aller loin, moi : grommela l'Indien en se levant et s'éloignant à grands pas.

Chacun se rendit à sa chambre respective et se coucha. Halleck ne pût s'endormir; il agitait dans son esprit les probabilités des événements, mais n'accordait aucune confiance aux appréhensions que chacun manifestait autour de lui. Les jours néfastes de massacre et de vengeance Indienne, lui apparaissaient éloignés de plus d'un

siècle ; il considérait comme une absurdité in d-
missible l'occurrence d'une catastrophe semblable, en plein Minnesota, c'est-à-dire en pleine
civilisation : décidément les terreurs de ses amis
lui faisaient pitié.

Néanmoins il éteignit sa bougie ; déjà un a-
gréable assoupissement, précurseur du sommeil,
commençait à fermer ses paupières, lorsqu'une
clarté indéfinissable se montra au travers de ses
volets. Il sauta vivement à bas de son lit, et
courut à la fenêtre pour explorer les alentours.
Un coin de l'horizon lui apparut rouge et sanglant des reflets d'un incendie : ce sinistre semblait être à une distance considérable, dans
la direction des basses prairies ; l'obscurité
ne permettait de distinguer aucun détail du
paysage.

Cependant, les regards investigateurs de l'artiste finirent par remarquer une grande forme
sombre découpée en silhouette sur le fonds lumineux : ce fantôme humain marchait à grands
pas dans la direction du feu ; à sa longue couverture blanche, Halleck reconnut Christian Jim :
il resta longtemps à sa fenêtre, le regardant s'é-
loigner, jusqu'à ce qu'il ne fut plus visible que
comme un point mourant ; enfin, il alla se coucher en murmurant :

— C'est un drôle de corps que ce Sioux : bien
certainement, lui et mes honorables parents vont
mettre cet incendie sur le compte des pauvres
Indiens... comme si ces malheureux Sauvages
n'avaient pas assez de leurs petites affaires, sans
venir se mêler des nôtres !...

Sur quoi Halleck s'endormit et rêva chevalerie
Indienne.

CHAPITRE IV

CROQUIS, BOULEVERSEMENTS, AVENTURES

Dans la maison du Settler, personne, excepté
Halleck, n'avait aperçu la lueur nocturne de l'incendie. Il se garda bien d'en parler, estimant
judicieusement que cette nouvelle ne servirait
qu'à fournir un thème inépuisable aux propos
désobligeants sur les *pauvres Sauvages* ; il s'as-
sura donc un secret triomphe en gardant le
silence.

La matinée suivante fut admirable, tiède,
transparente ; une de ces splendides journées où
il fait bon vivre !

Halleck décida qu'il passerait sa matinée à
croquer les paysages environnants, et il invita
Maria et Maggie à lui servir de guides dans son
excursion. Mais mistress Brainerd, pour diverses
nécessités du ménage, jugea convenable de retenir sa fille à la maison ; le nombre des *touristes*
se trouva donc réduit à deux.

Personne, mieux que miss Allondale, ne pouvait servir de cicerone à l'artiste ; pendant son
séjour d'été elle avait parcouru le pays en tous
sens, ne négligeant pas un bosquet, pas une
clairière. Elle avait fait connaissance avec les
plus beaux sites, et dans sa mémoire elle conservait comme dans un musée vivant, une collection admirable de points de vue.

— Et maintenant, très-excellent S.r, dit-elle une
fois en route, quel genre de beauté pittoresque
faut-il offrir à votre crayon habile ?

— Tout ce qui se présentera.

— Et vous pensez accomplir cette tâche aujourd'hui ?

— Oh non ! Il me faudra des semaines, des
mois peut-être.

— Cependant je désirerais connaître vos pré-
férences.

— Peu m'importe. Je me réjouis de m'en rap-
porter à votre choix.

— Tenez ! voici une perle de lac, un vrai
bijou, qui scintille là-bas au pied des paisibles
collines : il est à demi caché par un rideau de
nobles sapins qui se mêlent harmonieusement
aux bouleaux argentés. C'est tout petit, tout
mignon ; mais j'ai souvent désiré de posséder
vos crayons pour reproduire ce merveilleux coin
du désert.

— Allons-y !

Tous deux se dirigèrent au nord, vers le lac
Witta-Chaw-Tah. Ils marchaient dans une prairie
mousseuse, dans les hautes herbes de laquelle dor-
maient de grands arbres couchés comme des
géants sur un lit de velours vert ; plus loin se

présentèrent de gracieuses collines en rocailles jaunes, grises, bronzées, chatoyantes des admirables reflets que fournit le règne minéral : au milieu de tout cela, des fleurs inconnues, des plantes merveilleuses aux feuillages dorés, diamantés, des arbrisseaux bizarres, des senteurs divines, des harmonies célestes murmurées par la nature joyeuse.

Ils arrivèrent au lac ; c'était bien, comme l'avait dit Maria, une perle enchâssée dans la solitude. Tout au fonds, formant le dernier plan, s'élevait un entassement titanique de roches amoncelées dans une majestueuse horreur. Leur aspect sévère était adouci par un déluge de petites cascades mousseuses et frétillantes qui sillonnaient toutes les faces rudes, grimaçantes, froncées de ces géants de granit. Des touffes d'herbes sauvages, de guirlandes folles, de lianes capricieuses, s'épanouissaient dans les creux, sur les saillies, autour des corniches naturelles ; des fleurs gigantesques, sorties du fond des eaux, montaient le long des pentes abruptes que décoraient leurs immenses pétales de pourpre ou d'azur.

A droite, à gauche, des forêts profondes, silencieuses, incommensurables ; des déserts feuillus, enguirlandés, mystérieux, pleins d'ombres bleues, de rayons d'or, de murmures inouïs !

Le lac, plus pur, plus uni qu'une opulente glace de Venise ; le lac, transparent comme l'air, dormait dans son palais sauvage, sans une ride, sans une vague à sa surface d'émeraude blanchissante.

Quelques grands oiseaux, fendant l'air avec leurs ailes à reflets d'acier, planaient au-dessus des eaux, dont le miroir profond renvoyait leur image.

Halleck poussa des rugissements de joie.

— Je vous le dis, en vérité, aucun pays du monde, pas même la Suisse, ou l'Italie ne sauraient approcher d'une sublimité pareille. Cependant il y manque un élément, la vie ; sans cela le paysage est mort.

Maria lui montra du doigt les oiseaux qui tournoyaient sur leurs têtes.

— Non, ce n'est pas assez. Il me faudrait autre chose encore, plus en harmonie avec ces grandeurs sauvages. Nous pourrions bien y figurer

nous-mêmes ; mais nous n'y sommes que des intrus,.... et pourtant, il me faut de la vie là-dedans !.... un daim se désaltérant au cristal des eaux ; un ours grizzly contemplant d'un air philosophe les splendeurs qui l'entourent ; ou bien...

— Un Indien sauvage, pagayant son canot ?

— Oui, mieux que tout le reste ! Là, un vrai Sioux, peint en guerre, furieux, redoutable ! ce serait le comble de mes désirs.

— Bah ! qui vous empêche d'en mettre un ?... Je suis sûre que vous en avez l'imagination si bien pénétrée, que la chose sera facile à votre crayon.

— Sans doute, sans nul doute ; mais, vous le savez, chère Maria, rien ne vaut la réalité.

— Mon cousin, je crois que vous avez une chance ébourriffante ! Si je ne me trompe, voilà là-bas un canot indien. Sa position, à vrai dire, n'est guère favorable pour être dessinée.

En même temps, Maria montra du doigt un coin du lac hérissé d'un gros buisson de ronces qui faisaient voûte au-dessus de l'eau. Dans l'ombre portée par cet abri, apparaissait d'une façon indécise, un objet qui pouvait être également une pierre, le bout d'un tronc d'arbre, ou l'avant d'un canot.

Si l'œil exercé d'un chasseur avait reconnu là un esquif, il aurait constaté aussi que son attitude annonçait la secrète intention de se cacher, comme si le Sauvage qui s'en servait eût cherché à se dérober aux regards. Mais, quelle raison mystérieuse aurait pu dicter cette conduite ?... Et quel chasseur ou Settler aurait eu l'idée de concevoir quelque inquiétude à l'apparition de cette frêle embarcation ?

Quoiqu'il en soit, il fallut plusieurs minutes à l'artiste pour distinguer l'objet que lui indiquait sa vigilante compagne ; lorsqu'enfin il l'eut aperçue, sa forme et sa tournure répondirent si peu aux idées préconçues du jeune homme qu'il ne put se décider à y voir un canot.

— Mais je suis sûre, moi ; insista Maria ; j'en ai vu plusieurs fois déjà ; il est impossible que je me trompe. Je vois dans ce canot un fac-simile exact de ceux que Darley a si bien dessinés dans ses illustrations de Cooper. Vous êtes donc forcé de convenir que vos amis ont de meilleurs yeux que vous.

— Mais où est son propriétaire, l'Indien lui-même? Nous ne pouvons guère tarder de le voir?

— Il est sans doute à rôder par là dans les bois. Adolphe! s'écria soudain la jeune fille; savez-vous que nous ne sommes pas seuls!

— Eh bien! quoi? répliqua vivement Halleck, ne sachant ce qu'elle voulait dire.

— Regardez à une centaine de pas vers l'ouest de ce canot; vous me direz ensuite s'il vous manque *l'élément de vie*, comme vous dites.

— Tiens! tiens! voilà un gaillard qui en prend à son aise, sur ma vie! Eh! qui pourrait le blâmer d'avoir choisi une aussi ravissante retraite pour se livrer aux délices de la pêche?

Nos deux touristes étaient fort surpris de ne l'avoir pas vu tout d'abord. Il était en pleine vue, assis sur un roc avancé; les pieds pendants; les coudes sur les genoux; le corps penché en avant, dans l'attitude des pêcheurs de profession. Sa contenance annonçait une attention profonde, toute concentrée sur la ligne dont il venait de lancer l'hameçon dans le lac après l'avoir balancé au-dessus de sa tête.

L'artiste commença à dessiner; Maria choisit une place d'où elle pouvait facilement suivre les progrès du travail. Tout en faisant voltiger à droite et à gauche son crayon docile, Halleck jasait gaîment et entretenait la conversation avec une verve intarissable. Peu à peu les traits se multipliaient, l'esquisse prenait une forme.

— Si seulement nous avions à portée l'homme-rouge, observa-t-il, je le croquerais en détail. Mais, j'y pense, nous pouvons nous procurer cette jubilation; je vais d'abord placer, dans mon ébauche, le canot bien en vue, j'y dessinerai ensuite l'Indien maniant l'aviron, lorsque nous serons parvenus à nous rapprocher de ce pêcheur.

— Assurément voilà un homme bien paisible et bien occupé; il a l'air de *poser* pour son portrait. Croyez-vous qu'il se soit aperçu de notre présence?

— Sans nul doute, car nous sommes aussi fièrement en vue; cependant j'affirmerais que son poisson le préoccupe beaucoup plus que nous.

Tenez! il a levé la tête et nous a regardés. Ah! le voilà qui regarde en bas : il vient d'enlever quelque chose au bout de sa ligne.

— Chut! fit Maria vivement : regardez encore ce canot là-bas. Ne voyez-vous pas, au-dessus, quelque chose comme le plumage brillant d'un oiseau?

— Je ne puis m'occuper que de mon dessin; je n'ai pas de temps à perdre en babioles, et il faut que je travaille maintenant que me voilà en train.

— Mais regardez donc, insista la jeune fille, vous verrez quelque chose qui vous intéressera; je suis sûre maintenant qu'il y a là une tête d'Indien.

L'artiste se décida enfin à jeter les yeux dans la direction indiquée : il daigna même admettre qu'il voyait quelque chose d'extraordinaire dans ce buisson :

— Oui, murmura-t-il, c'est bien la touffe de chevelure ornée que portent les guerriers sauvages; c'est leur panache bariolé de plumes éclatantes.

Pendant qu'il parlait, le Sauvage surgit entièrement hors des broussailles, faisant voir son corps peint en guerre; presque aussitôt il disparut.

— Ah! en voilà plus que vous ne demandiez! observa Maria; votre *élément de vie* a fait apparition, le cadre est complet.

— Je me déclare satisfait, réellement.

— Vraiment! je regrette que Maggie ne soit pas venue avec nous. Combien elle se serait réjouie de ce spectacle enchanteur! je suis bien désolée de son absence.

— Et moi aussi : savez-vous, Maria, qu'elle m'a surpris et charmé bien agréablement hier soir; elle a une distinction et une intelligence qu'envieraient nos plus belles dames des cités civilisées : je vous assure qu'elle a fait impression sur moi.

— Cela ne m'étonne pas; elle mérite l'estime et l'amitié de chacun : c'est le plus noble cœur que je connaisse; honnête, pure, modeste, sincère, elle a toutes les qualités les plus adorables.

L'artiste, tout en continuant de promener son

crayon sur le papier, leva les yeux sur sa cousine qui était assise devant lui, un peu sur la droite. Elle considérait le lac, et ne s'aperçut pas du regard furtif d'Halleck. Ce dernier laissa apparaître sur ses lèvres un singulier sourire qui passa comme un éclair, puis il se remit silencieusement à l'ouvrage.

— Elle paraît être l'enfant gâtée de l'oncle John, reprit-il au bout de quelques instants; je suppose que cette faveur lui revient de droit, comme à la plus jeune?

— Mais non, c'est à cause de son charmant naturel. Adolphe, remarquez-vous l'immobilité extraordinaire de ce pêcheur?

Les deux jeunes gens s'amusèrent à regarder cet individu qui, en effet, paraissait identifié avec le roc sur lequel il était assis. Tout à coup il fit un bond en avant, tête baissée, et tomba lourdement dans l'eau, avec un fracas horrible. En même temps les échos répétaient la détonation d'un coup de feu; et une guirlande de fumée qui planait au-dessus d'un roc peu éloigné trahissait le lieu où était posté le meurtrier.

Un silence de mort suivit cette péripétie sanglante : Halleck et Maria s'entre-regardèrent terrifiés. Le jeune artiste ne tarda pas à reprendre son sangfroid.

— Mon opinion, cousine, est que nous ferons mieux de terminer nos dessins un autre jour, dit-il de son ton tranquille, tout en repliant son portefeuille méthodiquement.

— Ah! mon Dieu! s'écria Maria avec terreur, vous ne savez pas,... non, vous ne savez pas quels dangers nous menacent!

Ces mots étaient à peine prononcés qu'un second et un troisième coup de feu cinglèrent l'air; des balles sifflèrent à leurs oreilles, indiquant d'une façon beaucoup trop intelligible que cette dangereuse conversation s'adressait à eux.

— Que l'enfer les confonde! grommela Halleck : ce sont quelques renégats qui déshonorent leur race.

Il s'arrêta court, Maria venait de le saisir convulsivement par le bras pour lui faire voir ce qui se passait au bord du lac. Trois Indiens, bondissant et courant comme des cerfs, accouraient rapidement. Adolphe, malgré tout son sangfroid, ne put se dissimuler qu'il fallait prendre un parti prompt et décisif.

— Soyez courageuse, ma chère Maria, lui dit-il en la prenant par la main, et venez vite.

Puis il l'entraîna vers le fourré, en sautant de rocher en rocher. La jeune fille s'apercevant qu'il avait l'intention de fuir tout d'une traite jusqu'à la maison, lui dit, toute essoufflée :

— Jamais nous ne pourrons nous échapper en courant; il vaut mieux nous cacher.

Adolphe regarda hâtivement autour de lui, et avisa un vaste tronc d'arbre creux enseveli dans un buisson inextricable.

— Vite, là-dedans! dit-il à sa cousine; cachez-vous vite! Les voilà, ces damnés coquins!

— Et vous? qu'allez-vous faire? lui demanda-t-elle en le voyant rester dehors.

— Je vais chercher une autre cachette, répondit-il; il ne faut pas nous cacher tous deux dans le même terrier, nous serions découverts en trois minutes. Cachez-vous bien, restez immobile, et ne bougez d'ici que lorsque je viendrai vous chercher.

Halleck tourna lestement sur ses talons, enfonça son chapeau sur ses yeux, et, ainsi qu'il le raconta lui-même plus tard, « se mit à courir comme jamais homme ne l'avait fait jusqu'alors. » Une longue et constante pratique des exercices gymnastiques l'avait rendu nerveux et agile à la course.

Mais ses muscles n'étaient point encore au niveau de ceux de ses ennemis rouges, car à peine avait-il fait cent pas, qu'un Indien énorme, le tomahawk levé, était sur ses talons : avec un hurlement féroce, il se lança sur Halleck.

— Inutile de discuter avec toi, mon coquin! pensa l'artiste.

Sur-le-champ, il prit son revolver au poing et le dirigea sur son adversaire. Du premier coup il lui envoya une balle dans l'épaule : il lâcha successivement quatre autres coups, mais sans l'atteindre; les deux derniers ratèrent.

Soudainement la pensée vint à Halleck, qu'il n'avait plus qu'une charge disponible, et il suspendit son feu pour ne plus tirer qu'à coup sûr.

L'entrée en scène du révolver avait eu pourtant un résultat : l'Indien s'était arrêté à quelques pas ; mais aussitôt qu'il s'était aperçu que l'arme avait raté, il lança furieusement son tomahawk à la tête de l'artiste. Si ce dernier n'eût trébuché fort à propos sur une pierre, évidemment le projectile meurtrier lui aurait fendu le crâne. Se relevant de toute sa hauteur, Halleck brandit son pistolet et l'envoya dans la figure bronzée de l'Indien avec tant de force et de précision, qu'il lui cassa une douzaine de dents et lui déchira les lèvres.

L'Indien bondit en poussant un rugissement de bête fauve ; mais il fut reçu par un foudroyant coup de pied dans les côtes qui l'envoya rouler sur les cailloux.

La boxe pédestre aussi bien que manuelle, n'avait aucun mystère pour Halleck, et sur ce terrain il était maître de son ennemi : sa seule crainte était de le voir employer quelque nouvelle arme, car l'artiste n'avait plus que ses pieds et ses poings.

Aussi, ce fut avec un vif déplaisir qu'Adolphe le vit extraire du fourreau un couteau énorme, puis se diriger sur lui avec précaution.

Néanmoins, l'artiste, n'ayant pas le choix de mieux faire, se préparait à une lutte corps à corps, lorsqu'il entendit s'approcher les deux camarades du bandit. Une pareille rencontre devait être trop inégale pour qu'Halleck s'y engageât autrement qu'à la dernière nécessité. Aussi, réfléchissant que ses jambes s'étaient reposées, et qu'elles étaient admirablement prêtes à fonctionner, il s'élança plus prestement qu'un lièvre et se mit à courir.

Inutile de dire que son adversaire acharné se précipita à sa poursuite : cette fois l'artiste avait si bien pris son élan que l'Indien fut distancé pendant quelques secondes. Toutefois l'avance gagnée par Halleck fut bientôt reperdue : ce qui ne l'empêcha pas de prendre son temps pour raffermir sous le bras son portefeuille, dont, avec une ténacité rare, il n'avait pas voulu se dessaisir : on aurait pu croire qu'il le conservait comme un talisman pour une occasion suprême.

Au bout de quelques pas il entendit craquer les broussailles sous les pas du Sauvage : son approche était d'autant plus dangereuse qu'il avait retrouvé son tomahawk.

Craignant toujours de recevoir, par derrière, un coup mortel, Halleck se retournait fréquemment. Cet exercice rétrospectif lui devint funeste, il se heurta contre une racine d'arbre et roula rudement sur le sol la tête la première.

Le Sauvage était si près de lui, que sans pouvoir retenir son élan, il culbuta sur le corps étendu de l'artiste. Halleck se releva d'un bond, recula de trois pas, et voyant que l'heure d'une lutte suprême était arrivée, il se prépara à vaincre ou mourir : l'Indien, de son côté, allongea le bras pour le frapper.

Il n'y avait plus qu'une seconde d'existence pour Halleck, lorsque la détonation aiguë d'un rifle rompit le silence de la solitude ; le Sioux fit un saut convulsif et retomba mort aux pieds du jeune homme.

Ce dernier jeta un rapide regard autour de lui pour tâcher de découvrir quel était le Sauveur survenu si fort à propos : il ne vit rien et ne parvint même pas à deviner de quel côté était parti le coup de feu.

La première pensée de l'artiste fut que la balle lui était destinée, et s'était trompée d'adresse : mais quelques instants de réflexion le firent changer d'avis.

Cependant, songeant aussitôt que les autres Indiens devaient approcher, il sonda anxieusement les alentours. Rien ne se montra, la solitude était rendue à son profond silence.

Après s'être convaincu, par une longue attente, que tout adversaire avait disparu, Halleck tira ses crayons, ouvrit philosophiquement son fameux portefeuille, et murmura, en cherchant une page blanche :

— Si cette balle n'avait pas si bien été ajustée, j'aurais dû imiter *Parrhaseus* ; heureusement il ne s'agit plus de cela, je me garderai bien de laisser échapper la plus sublime occasion de faire un croquis magistral.

Sur ce propos, il se prépara à enrichir son album d'une *étude* sur l'Indien mort devant lui.

CHAPITRE V

UN AMI PROPICE

Il ne faudrait pas croire que la main de l'artiste tremblât pendant qu'il crayonnait le portrait de l'Indien abattu : si quelque agitation nerveuse se produisait dans sa main, c'était la suite de l'exercice forcé auquel il venait de se livrer, mais l'émotion n'y entrait pour rien.

Comme un vieux soldat ou un chirurgien émérite familiarisé avec l'aspect de la mort, Adolphe considérait ce cadavre farouche et hideux avec le plus grand sang froid, exactement comme un simple modèle de *nature morte*.

Bien plus, peu satisfait de sa *pose*, il le tourna et retourna, arrangea ses bras et ses jambes, disposa sa tête, plaça tout le corps dans le meilleur état de symétrie possible, de façon à lui donner une *jolie* tournure.

Ensuite, se reculant de quelque pas pour mieux juger l'*effet*, il se plaça lui-même en bonne situation · et tout étant ainsi ajusté, à sa grande satisfaction, il se mit à dessiner.

— Je ne suppose pas, murmura-t-il en travaillant, avec son flegme habituel ;.. je-ne-sup-po-se-pas qu'on puisse appeler cela un *modèle qui pose*, c'est un *modèle qui gît*.

Et il continua en fredonnant un air de chasse. Son croquis fut bientôt terminé, rangé précieusement dans le portefeuille, et le portefeuille lui-même mis sous le bras ; puis Halleck se leva lestement pour se mettre en quête de Maria.

A ce moment, il éprouvait une sorte d'inquiétude vague, et comme un remords de n'avoir pas couru sur le champ et avant tout à la recherche de sa cousine : un pressentiment fâcheux s'empara de lui au fur et à mesure qu'il se rapprochait hâtivement du lieu où il l'avait laissée.

Ce n'était pas qu'il fût embarrassé pour retrouver sa cachette ; Halleck avait une mémoire infaillible : d'ailleurs les circonstances émouvantes dans lesquelles il avait exploré cette région, étaient de nature à imprimer dans son esprit les moindres détails.

Sur le point d'arriver il s'arrêta, prêta une oreille attentive, mais aucun bruit ne se fit entendre ; il fit encore quelques pas, et se trouva devant le gros arbre entouré de ronces.

— Maria ! s'écria-t-il, venez : je crois le terrain déblayé ; nous pourrons retourner sains et saufs à la maison.

Ne recevant aucune réponse, il entra précipitamment dans la cachette, et, avec un affreux battement de cœur, reconnut que la jeune fille n'y était plus.

Il demeura un moment interdit, respirant à peine, cherchant à s'expliquer cette disparition.

Bientôt, grâce à ses habitudes optimistes, il fut d'avis qu'elle avait profité d'un instant favorable pour quitter ce refuge et revenir au logis. Pour corroborer cette opinion il se disait que Maria n'était pas femme à se laisser enlever sans résistance ; et que si quelque méchante aventure lui était arrivée, elle aurait fait retentir l'air de ses cris désespérés.

Cependant l'artiste n'était pas entièrement convaincu, ni sans inquiétude : car il savait que des Indiens étaient dans le bois ; et il venait d'apprendre d'une façon mémorable que la nature de ces braves gens n'était pas *chevaleresque* au point de respecter quelqu'un dans les bois, ce quelqu'un fût-il une femme sans défense.

Il était là immobile, hésitant, ne sachant quel parti prendre, lorsqu'une clameur aiguë frappa son oreille : ce cri provenant du lac, c'était, à ne pas s'y méprendre, la voix de Maria qui l'avait poussé.

Halleck bondit comme un daim blessé, se précipita tête première, à travers branches, et ne s'arrêta qu'au bord de l'eau, à l'endroit où il s'était précédemment installé pour dessiner. Là, il regarda avidement dans toutes les directions, et aperçut au milieu du lac un canot que deux Indiens faisaient voler à force de rames.

Maria était entr'eux, pâle, désespérée : à l'apparition de son cousin elle poussa un cri d'appel, levant les bras frénétiquement, et aurait sauté à l'eau si ses ravisseurs ne l'eussent retenue.

Halleck n'avait d'autre ressource que de gagner, en faisant le tour du rivage, l'avance sur le canot, et de l'attendre au débarquement : quelque seul et sans armes, il s'élança bravement avec

Et leur fit signe de se remettre en marche. (Page 26.)

l'agilité de la colère et de l'anxiété, bien résolu à ne pas laisser échapper les Sauvages sans leur livrer une lutte à outrance.

Malheureusement, il eut beau courir, le bateau avait gagné le bord avant que le pauvre artiste eût parcouru la moitié seulement de la distance. Les Indiens sautèrent rapidement à terre, entraînant Maria avec eux.

Adolphe, courant toujours à perte d'haleine, suivait avec des regards furieux les fugitifs, lorsqu'il vit tout à coup un Indien chanceler et tomber à la renverse. En même temps les échos se renvoyèrent la détonation d'une carabine : le second Sauvage, saisi de terreur, disparut comme s'il avait eu des ailes.

En cherchant des yeux quel pouvait être ce sauveur arrivé en ce moment si propice, Halleck

découvrit Christian Jim, le fusil en main, qui cheminait tout doucement à travers les rochers, et arrivait auprès de la jeune fille éperdue.

Halleck les eût bientôt rejoints : il serra affectueusement la main de Maria, en murmurant quelques paroles que son émotion rendait inintelligibles; puis il se tourna vers le Sioux qui venait de jouer si fort à propos le rôle sauveur de la Providence.

— Votre main ! mon brave ! donnez-moi votre main, vous dis-je ! vous êtes un vrai Indien, vous !

Jim ne lui rendit en aucune façon sa politesse. Il se contenta de le toiser, un instant, des pieds à la tête, et dit :

— Courez, allez-vous-en d'ici ! les Indiens sont

soulevés, brûlent les maisons; ils tuent tout.
Vite! chez l'oncle John!

Malgré son extérieur glacial, il était évident
que Jim était dans une grande agitation. Ses
yeux noirs lançaient çà et là des regards flam-
boyants; il y avait dans ses allures quelque
chose de farouche et d'inquiet qui frappa les
jeunes gens.

— Ne nous abandonnez pas ici, je vous en supplie! s'écria Maria encore pâle et frémissante de
terreur; conduisez-nous jusqu'en dehors de ces
bois terribles.

Sans répondre, le Sioux les fit monter dans le
canot qu'il repoussa vivement du rivage en y
sautant; ensuite il traversa le lac à force de
rames et vint aborder devant une clairière tra-
versée par un sentier qui conduisait aux habita-
tions.

Jim passa devant, en éclaireur, l'œil et l'oreille
au guet, le doigt à la détente du fusil, marchant
sans bruit, se dérobant dans les broussailles.

On passa ainsi tout près du lieu où Maria
s'était cachée:

— Comment avez-vous eu l'imprudence de
quitter une aussi excellente cachette, demanda
Halleck avec son sang-froid habituel; je vous
avais pourtant recommandé, d'une façon formelle,
de n'en pas bouger jusqu'à mon retour.

— Je me serais bien gardée d'en sortir: on
m'en a arrachée. Ce sont deux de vos *honorables*
Indiens qui sont arrivés droit sur moi et se sont
emparés de ma personne.

— Mais alors, pourquoi n'avez-vous pas crié?
je me serais hâté d'accourir à votre secours.

— Si j'avais poussé un cri, j'étais morte....
Ces « *chevaleresques* » bandits me l'ont parfaitement fait comprendre à l'aide de leurs cou-
teaux.

— Ah! voici mon révolver que j'avais lancé
au visage du drôle qui m'a attaqué.

L'artiste à ces mots, courut ramasser son arme,
et dût se diriger vers la gauche, car Jim avait
changé brusquement de route pour éviter à Maria le spectacle hideux qu'offrait le cadavre du
Sauvage tué le premier. Halleck reprit:

— Mon opinion est que...

Il fut soudainement interrompu par Jim qui
venait de faire une brusque halte en prêtant l'o-
reille dans toutes les directions, et qui recula avec
vivacité dans les broussailles:

— Couchons-nous par terre, dit-il en donnant
l'exemple, les Sioux viennent!

Tous trois disparurent sous l'herbe, et restèrent
immobiles en retenant leur haleine. Pendant
quelques minutes on n'entendit pas le moindre
bruit; Jim se hasarda à relever la tête, non sans
prendre des précautions infinies; l'artiste crut
pouvoir en faire autant. Ses yeux furent terrifiés
d'apercevoir une bande d'Indiens qui cheminait
dans le bois lui-même, sans froisser une branche
ni une herbe, sans laisser autour d'elle le moindre
bruit.

Ils étaient nombreux, armés, peints en guerre;
toutes ces figures farouches semblaient autant de
visages de démons.

Ce sinistre bataillon de fantômes passa comme
une vision effrayante, courant à la curée des
blancs, aspirant le carnage, préparant l'incendie.
Le massacre du Minnesota était commencé;
c'était l'avant-garde qu'on venait de voir.

Les fugitifs restèrent encore immobiles et
muets pendant une demi-heure. Alors Jim se
releva, et leur fit signe de se remettre en marche.
Bientôt ils furent sortis du bois sur le chemin
direct de la maison.

Maria était agitée de sinistres pressentiments;
quelque chose de secret lui disait que, pendant
son absence, tout n'était pas bien allé dans la
maison hospitalière de ses bons parents: elle
éprouvait une fébrile impatience d'arriver, afin
de s'assurer par ses propres yeux de l'état des
choses.

Enfin, ils arrivèrent sur le dernier coteau
devant lequel s'élevait la *case*; ce fut avec un
profond soupir de soulagement que la jeune fille
reconnut la situation habituelle des lieux; rien
n'y était changé, rien n'y trahissait la présence
de l'ennemi.

Elle reprit aussitôt son enjouement naturel,
et poussant un grand soupir de satisfaction:

— Ah! mon Dieu! dit-elle, il me semble qu'on

m'enlève une montagne de dessus le cœur;
j'avais les plus horribles appréhensions!... il me
semblait certain que quelque grand malheur
était arrivé, pendant notre absence, à l'oncle
John ou à quelqu'un de la famille.

— Pensez-vous qu'il y eût ici quelque autre
objet plus *attractif* que vous aux yeux des ga-
lants Sauvages?

— Quelle mauvaise plaisanterie! Tout individu, pourvu qu'il soit blanc, offre un grand
attrait à leurs tomawaks. Supposez que cette
pauvre petite Maggie eût été à ma place, les
Sauvages l'auraient enlevée tout aussi bien que
moi.

Adolphe Halleck fit semblant de regarder devant lui, mais en réalité il ne quittait pas de
l'œil son interlocutrice encore tout effarée et ha-
letante. Le même sourire étrange et mystérieux
se produisit encore sur ses lèvres; en résumé il
était évident que, malgré les terribles scènes
qu'il venait de traverser, le jeune homme se
sentait d'humeur prodigieusement divertis-
sante.

Quelques minutes s'écoulèrent dans un profond silence. Enfin Halleck renoua la conversation, mais sur un sujet tout-à-fait différent.

— Maria, demanda-t-il, est-ce un reflet du
soleil qui me trompe? regardez là-bas dans le
nord-est, et expliquez-moi ce que signifie cette
fumée, fort peu naturelle, qui monte vers le ciel
en si grande abondance.

— Je l'avais déjà remarquée depuis quelque
temps. Jim! dites-moi ce que vous pensez de
cela.

Le Sioux retourna la tête et répondit:

— Ce sont les maisons des Settlers qui brûlent,
les Indiens y ont mis le feu.

— Est-ce loin d'ici?

— A six, huit, dix milles.

— En vérité, je le dis! s'écrie Maria pâlissant
de terreur, ces horribles Sauvages seront bientôt
ici.

En dépit de son stoïcisme affecté, Halleck ne
put dissimuler un mouvement de malaise. Réellement le danger mortel qui était imminent ne
pouvait se révoquer en doute, et les sinistres

pressentiments de la jeune fille terrifiée n'étaient
que de trop réelles prophéties.

— Que l'enfer les confonde! murmura l'artiste; quel esprit malfaisant les anime donc?
C'est le diable, à coup sûr! Mais enfin, peut-on
savoir à quelle cause doit être attribué ce soulèvement épouvantable?

— Ils ne font qu'obéir à leurs invariables instincts.

— Ma chère cousine, répondit Halleck d'un
ton doctoral, vous faites erreur d'une manière
grave; telle n'est pas la nature des Indiens, leur
histoire en fait foi. Ces peuplades sont la noblesse
et la loyauté personnifiées; je les porte dans
mon cœur. Il ne s'agit ici, évidemment, que
d'obscurs vagabonds, d'un ramassis de coquins
errants, désavoués par toutes les tribus.

— Ah! fit Maria sans lui répondre: il y a
quelqu'un sur le belvédère de la maison. Ils ont
pressenti le danger.

Effectivement, au bout de quelques pas, ils
aperçurent le jeune Will Brainerd, debout sur le
toit, à demi caché par une cheminée, et lançant
ses regards dans toutes les directions. Il fit à
Jim un signal que les deux touristes ne purent
comprendre, mais à la suite duquel le Sioux hâta
le pas.

Toute la maison de l'oncle John était boule-
versée par les préparatifs de combat et de fuite.
Les tourbillons de fumée qui obscurcissaient
l'horizon avaient parlé un lugubre langage,
facile à comprendre: du haut de son observatoire, Will avait aperçu le détachement Indien
qui avait côtoyé le lac.

Au premier abord, on avait pu croire qu'ils se
dirigeaient vers le Settlement, et dans l'attente
d'une aggression prochaine, on avait attelé les
chevaux aux charriots, pour être plus tôt prêt à
fuir.

Mais la horde sauvage ayant changé de direction; d'autre part, l'absence de Maria et d'Halleck
se prolongeant, l'oncle John suspendit son départ pour les attendre. Bien entendu que la
question de fuir ne fut pas mise en délibération;
c'était le seul parti à prendre.

Ces préparatifs de mauvais augure, ces chevaux attelés, frappèrent de suite les deux arrivants : Halleck lança un regard à Maria.

— La prolongation de notre séjour ici, paraît douteuse, observa-t-il ; l'oncle John a pris l'alarme.

— Certes! il serait étrange qu'il eût pris quelque autre détermination, en présence de tous ces affreux présages. Mais, qui aurait pu croire à de pareilles horreurs dans l'État de Minnesota, au cœur de la civilisation? Pour moi, je n'ai qu'un désir ardent, c'est de m'éloigner le plus promptement possible.

— Eh bien! non pas moi! chère cousine. Maintenant, je le confesse, mon opinion sur les aborigènes devient douteuse : il y a comme un brouillard dans mon imagination. Avant de m'en aller, je veux éclaircir la question; je veux, s'il est possible, réhabiliter ces pauvres Indiens, à mes yeux, dans toute leur splendeur.

— O Adolphe! vous serez donc toujours une tête folle? Si vous avez peur de perdre votre affreux fétichisme pour les Sauvages, il vaut mieux vous en aller sans pousser l'examen plus loin ; car, croyez-moi, la désillusion sera terrible.

— Eh bien! donc, enlevez-moi! dit l'artiste en riant : Ah mais! j'y songe, je ne vous ai pas fait voir le croquis délicieux que...

— Ai-je le temps de regarder des paysages, lorsque la vie de mes amis est en danger? riposta impatiemment la jeune fille en lui tournant le dos pour courir dans la maison.

Au même instant, Will Brainerd descendit de son observatoire. Il informa la famille qu'aucun ennemi n'était visible à l'horizon, bien que les symptômes de bouleversement et d'incendie se multipliassent dans les alentours.

— Je m'étonne, ajouta-t-il en terminant, que notre Settlement a été épargné jusqu'à ce moment.

Toute la famille se réunit alors en un vrai conseil de guerre : les délibérations furent brèves et concluantes. Une fuite très-prompte fut décidée, comme étant le seul et unique moyen de salut. En effet, il y avait quatre-vingt-dix-neuf chances sur cent pour craindre l'irruption d'une bande de Peaux-Rouges apportant avec elle le carnage et l'incendie, et une seule chance de ne pas être envahi : toute minime que fût cette dernière probabilité, elle inspira à l'oncle John quelques modifications dans son plan de fuite.

Il fut résolu que M. et mistress Brainerd, Maggie et Maria, accompagnés par Jim, partiraient les premiers dans le chariot le plus léger, et qu'ils se dirigeraient, à toute vitesse, vers Saint-Paul, de façon à sortir le plus tôt possible du territoire de Minnesota et éviter ainsi les bandes sanguinaires des Indiens soulevés.

Will et Halleck devaient rester, attendant l'issue des événements, dans le but de protéger, s'il était possible, le Settlement contre le pillage de quelques maraudeurs isolés. Bien entendu, ils se tenaient tout prêts à fuir en cas de nécessité ; en outre, ils étaient munis chacun d'une bonne carabine, d'un révolver, d'un bon couteau de chasse; la poudre et les balles ne leur manquaient pas. Moyennant ces préparatifs, ils pourraient se défendre avec succès contre les rôdeurs qui viendraient à se présenter.

L'oncle John leur recommanda expressément de n'engager une lutte que lorsque les chances de succès seraient évidentes; attendu que lorsque le sang avait coulé, les Sauvages du Minnesota devenaient des démons incarnés. Halleck accepta fort légèrement les recommandations et l'opinion de son oncle : il prétendit « qu'on calomniait ces *pauvres gens.* »

— Nous nous rendrons directement à Saint-Paul, conclut M. Brainerd; si vous êtes obligés de déguerpir, suivez nos traces; Will connaît assez le pays pour vous guider d'une façon sûre. Je ne vous dis cela que pour le cas où vous seriez obligés de fuir absolument.

— Fuir... non! mais nous en aller... oui! répliqua Halleck d'un ton suffisant; si l'Indien se présente, de deux choses l'une : ou il sera facile à apprivoiser, ou il sera méchant. Si bon il est, ma théorie sera démontrée; s'il fait le méchant nous le corrigerons; voilà tout!

Et il alluma son cigare avec une nonchalance superbe.

— Puissiez-vous dire vrai! observa Maggie à laquelle cette manière sans façon d'envisager ces terribles réalités semblait incompréhensible.

— Je suis dans la réalité, Maggie, croyez-le bien, j'y suis ! Personne n'arrivera à me convaincre que ces pauvres indigènes du Minnesota soient aussi terribles. Tout ceci me fait l'effet d'une terreur panique ; or, vous savez combien pareilles frayeurs aveuglent l'esprit. Votre frère s'en est aperçu l'été dernier, à Bull-Run.

L'oncle John, ainsi que sa femme, et Maria s'occupaient activement d'entasser dans le chariot les objets de plus indispensable nécessité ; pendant ce temps, Will, pensif et soucieux, était remonté à son observatoire aérien sur le toit de la maison.

L'artiste avait fait quelques tentatives pour aider à l'embarquement des colis, mais, dans son étourderie, il n'avait réussi qu'à casser plusieurs pièces de porcelaine, à et faire rouler entre les jambes des chevaux quelques pots de confiture : il se résigna donc, en riant, à abandonner cette tâche à des mains plus prudentes ou plus adroites.

Maggie l'observait avec étonnement : son esprit doux et sérieux ne pouvait comprendre une telle légèreté.

— Votre indifférence me confond, lui dit-elle ; surtout après votre aventure que Maria m'a racontée.

— Ah ! ou-i vrai-ment ! murmura l'artiste, en distillant la fumée avec symétrie par les deux coins de sa bouche ; écoutez, j'en ai fait un dessin capital ! J'ai quelque intention de l'envoyer à Harper... mais c'est trop beau pour lui. De ma vie, je n'avais eu un *sujet* dont la pose soit d'une docilité plus parfaite. Ah ! mais oui ! il posait comme un demi-dieu, cet Indien mort !

— Et si Christian Jim ne s'était pas trouvé là ?...

— Ma foi ! je conviens qu'il m'a rendu un fameux service, je me réjouis d'en convenir ; j'aurais le récompenser magnifiquement pour cela.

— Il ne désire et n'acceptera rien qui ressemble à une récompense : mais je puis vous dire ce qu'il recevrait avec un plaisir extrême.

— Quoi donc ?

— Une Bible : j'ai été assez heureuse pour lui apprendre à lire cet été, il peut en faire un usage très-satisfaisant pour lui. Vous ne sauriez croire avec quelle ardeur il désirait parvenir à comprendre ce *bon livre* dont les missionnaires lui avaient parlé. On lui en a donné une copie partielle et grossière qu'il ne manque jamais de prendre avec lui et qu'il porte partout dans ses courses : mais je sais qu'il sera dans le dernier ravissement s'il devient possesseur d'un de ces beaux volumes qu'on trouve dans les librairies des grandes villes. Je ne doute pas que vous n'en ayez avec vous.

L'artiste rougit et balbutia d'un ton embarrassé :

— J'ai honte de vous avouer que je n'en ai pas ici ; mais je saurai bien m'en procurer et ce sera tout ce qu'on peut trouver de splendide.

— Oh !... vous dites que vous n'en avez pas avec vous ?... demanda avec étonnement Maggie, en fixant sur Halleck ses grands yeux bleus, expressifs, empreints d'une affectueuse mélancolie.

— Non,... pas avec moi... Mais j'en ai plusieurs à la maison ! Ce sont des cadeaux de ma mère, de mes sœurs, et de quelques jeunes ladies qui s'intéressent à mon salut.

— Permettez-moi de vous offrir celle-ci, reprit Maggie en lui présentant une bible qu'elle sortit de sa poche ; je ne vous demanderai qu'une seule chose, c'est d'y jeter un coup d'œil de temps en temps. Aucune créature raisonnable ne doit laisser passer un jour sans en lire quelques versets : je n'ose pas vous en réclamer autant ; ce sera lorsque vous le pourrez seulement.

— Je vous le promets, du fond de mon cœur, lui répondit l'artiste en recevant avec respect et courtoisie le don pieux que venait de lui faire sa jeune cousine.

Le ton sérieux, les manières graves et douces de Maggie, le parfum d'ingénuité et de candeur affectueuse qui s'échappait de ses moindres actions, tout en elle avait parlé d'une manière étrange au cœur d'Adolphe. En sa présence, il se sentait moins railleur, moins sceptique, moins fanfaron ; peut-être, s'ils eussent eu, sur le moment, à braver la fureur des Sioux, aurait-il combattu avec un nouveau courage.

entièrement différent do ses bravades précédentes.

— J'en ferai une bonne lecture, à la première occasion favorable, dit-il en serrant le volume entre ses deux mains, avec une certaine émotion; aujourd'hui même, dans l'après-midi, après votre départ, j'aurai longuement du loisir pour cela.

— Pas tant que vous le croyez, peut-être, répondit la jeune fille sans dissimuler un léger tremblement dans sa voix; je vous l'assure, monsieur Halleck, quelque chose de terrible est proche de nous, et vous n'y songez pas.

— Ta! ta! ta! répliqua l'artiste en reprenant ses manières frivoles pour cacher son trouble, vous êtes nerveuse et impressionnable; chassez de pareilles idées puériles.

Mais, en dépit de son assurance, il sentit comme un frisson traverser tout son être; jamais, dans le cours de son existence, pareille impression ne s'était produite en lui; durant quelques secondes, il se sentit glacé et découragé.

Néanmoins, cette période d'abattement ne fut pas de longue durée; il reprit presque aussitôt son assurance imperturbable:

— Je vous avais prise pour une jeune fille forte et courageuse, Maggie; mais j'avoue que vos timidités d'aujourd'hui, me jettent vraiment dans le doute à cet égard.

— J'ai l'âme ferme cependant, il me semble, repartit la jeune fille avec un sourire mélancolique; mais vous ne pouvez exiger de moi que je ne partage point des craintes manifestées par tout le monde excepté par vous.

— Rirons-nous assez de tout cela! lorsque nous serons arrivés sains et saufs à Saint-Paul; ou mieux, lorsque nous serons revenus à la ferme!...

— Dieu veuille que vous ne vous trompiez pas! Qu'est devenu Jim? voilà longtemps que je ne l'ai pas vu.

— Il est par là-bas, dans un petit coin de la prairie, en observation de son côté; Will est en vedette sur le toit, il y a donc peu de risques qu'un ennemi puisse nous aborder sans avoir été aperçu. Soyez donc sans crainte pour le moment.

Ah! j'aperçois l'oncle John et nos gens qui ont terminé l'aménagement du wagon.

Effectivement, le chariot était rempli, bourré, lesté de tous les objets qu'il pouvait contenir: on eût dit un navire frété pour quelque voyage au long cours. Maria, M. Brainerd et sa fille s'y installèrent; ce fut ensuite au tour de l'oncle John.

— Et Jim, où est-il donc? demanda ce dernier; ah! le voilà qui arrive.

L'Indien apparaissait à peu de distance: M. Brainerd suspendit son départ pour lui dire adieu.

— Bonsoir, mon enfant! cria-t-il ensuite à son fils toujours perché sur son observatoire.

On échangea des saluts, on se souhaita mutuellement bonne chance; enfin, le lourd véhicule s'ébranla, et s'éloigna en craquant.

— Prenez bien garde! soyez vigilants! que Dieu veille sur vous! cria M. Brainerd.

— Ne craignez rien pour moi, dit l'artiste en s'adressant plus particulièrement à Maggie; c'est vous qui méritez toute notre sollicitude.

— Adieu! répondit la jeune fille; n'oubliez pas la Bible.

Bientôt on allait se perdre de vue, lorsqu'une exclamation poussée par Will suspendit la marche.

Tous s'entreregardèrent, haletants, dans une anxieuse attente.

CHAPITRE VI

INDÉCISIONS

Sur la limite orientale de la prairie, et tout à fait en position d'intercepter la route des fugitifs, trois Indiens venaient d'être signalés par le jeune Brainerd. Selon toute probabilité ce n'étaient pas des amis; dans l'incertitude provoquée par cette crise redoutable, il y avait mille précautions à prendre: Will s'était donc empressé de prévenir le départ de sa famille.

— Qu'est-ce qu'il y a encore? demanda l'oncle John en réprimant tout signe d'inquiétude, afin de modérer la terreur des femmes.

— Il faut qu'on m'envoie Jim, cria Will; j'aperçois, à l'Est, certains symptômes que je n'aime pas.

Le Sioux entra vivement dans la maison, et l'instant d'après il parut sur le toit, à côté de Will. Un seul regard lui suffit pour reconnaître que les appréhensions du jeune homme étaient parfaitement fondées. Toute la famille en fut aussitôt instruite.

— Ils sont directement sur votre chemin, vous ne pourriez les éviter, s'écria Will.

— Je crois que vous pourriez supprimer l'ennui de cette rébarbarative rencontre, observa l'artiste en jetant un regard farceur à Maria.

— Comment donc? demanda cette dernière précipitamment.

— En faisant un détour pour prendre une autre route, ou, plus simplement, et ne partant pas du tout.

— Oui, attendez encore, appuya le jeune Brainerd; vous ne pouvez partir maintenant.

— Bast! interrompit Halleck avec sa fanfaronne indifférence; tout ça n'est autre chose que deux ou trois malheureux Indiens qui prennent l'air, admirant les beautés de la nature et faisant leurs petites observations. Qui sait!.. ils ont peut être un artiste parmi eux. Quant à moi, je suppose que, ne pouvant pas dormir par cette chaleur, ils prennent le parti de destiner la nuit aux promenades sentimentales.

Chacun regarda Halleck pour savoir s'il ne donnait pas quelque signe ostensible de folie, digne de ses incroyables discours. Il fumait son cigare plus méthodiquement, plus tranquillement que jamais. Tout à coup il porta la main à sa poche et la fouilla vivement comme s'il se sentait illuminé par une idée subite.

— Ah! que je suis étourdi! s'écria-t-il, j'ai là sur moi une lorgnette, mieux que cela, un petit télescope; ce sera fort commode pour inspecter ces malheureux vagabonds. Je ne comprends pas que je n'y aie pas songé plutôt : nous en aurions déjà tiré fort bon parti, quand ce n'eût été que pour reconnaître le canot, lorsqu'avec Maria nous étions sur le bord du lac.

Sur ce propos, il entra dans la maison et courut tout d'un trait jusqu'au toit. Il offrit d'abord son instrument au Sioux; celui-ci l'ayant refusé, il le passa à Brainerd qui après avoir regardé un moment, s'écria :

— Je vois trois Indiens cachés dans un bas fonds, comme s'ils attendaient quelque chose.... oui. Il y en a plusieurs autres couchés à plat ventre dans l'herbe.

— Sont-ils dans un buisson?

— Non, au commencement d'une clairière.

— Eh bien! c'est tout simple; ces pauvres diables sont ahuris de fatigue, ils se reposent en attendant leurs camarades; passez-moi la lunette, je vous prie.

— Apercevez-vous ceux qui sont étendus sur le sol? demanda Will à Jim, pendant que l'artiste faisait son inspection.

— Oui, une demi-douzaine renversés par terre.

— Que pensez-vous de ça?

— Je ne peux pas savoir.

— Ne pensez-vous pas qu'ils soient là pour nous épier?...

— Mais, par le soleil! mon pauvre Will, à quoi cela leur servirait-il, s'écria l'artiste en repliant solennellement son instrument de longue vue; du moment qu'on peut les signaler à deux ou trois milles de distance, il leur est formellement impossible de nous surprendre: s'ils ne peuvent réussir à nous surprendre, il leur est encore plus impossible de nous faire aucun mal : s'ils sont incapables de nous faire aucun mal, ils ne sont pas à craindre, pourquoi vous effrayezvous? C'est résonner, ce que je vous dis-là, hein!

— Mon cher Adolphe, je ne puis rien vous répondre, sinon que je regarde comme bien difficile de deviner les ténébreuses malices des Indiens. Ils sont si rusés, si audacieux, si entreprenants que fort souvent ils accomplissent des choses incompréhensibles.

Will reprit la lunette, et après en avoir fait usage, annonça que les Sauvages étaient sur pied; mais que leur nombre était augmenté; sans doute les compagnons qu'ils attendaient les avaient rejoints. A ce moment on pouvait les distinguer à l'œil nu, mais seulement d'une façon vague et incertaine.

— Miséricorde ! juste ciel ! ils viennent sur nous ! s'écria tout à coup Will, incapable de maîtriser son émotion.

— Ah ! Diable ! voyons, un peu de calme, mon garçon ! ne va pas t'agiter comme cela, au point d'épouvanter les autres là-bas dans le chariot.

— Épouvanter !! Il y a certes bien de quoi ! Ces brigands-là seront ici dans une demi-heure !

— Bah ! qu'est-ce qui le prouve ? Regarde-les donc un peu mieux ; tu verras que précisément ils ne viennent pas de ce côté.

L'artiste avait raison pour le moment ; mais on ne pouvait être sûr de rien, car les mouvements des Sauvages étaient si incertains, si errants, qu'on n'y pouvait rien comprendre. Après avoir marché à droite et à gauche sans but apparent, ils commencèrent à se diriger sur la maison.

Ces étranges rôdeurs apercevaient certainement le Settlement, duquel ils connaissaient d'ailleurs l'existence : suivant toute probabilité, ils débattaient entre eux le point de savoir s'ils s'en approcheraient ou non.

Pendant que le jeune Brainerd les épiait avec une consternation toujours croissante, ils changèrent de direction une troisième fois, et suivirent une ligne qui, en se prolongeant, les éloignait considérablement de la maison. Rien ne pourrait rendre l'anxiété avec laquelle Will suivait tous leurs mouvements au travers du télescope. Lentement, d'un mouvement imperceptible comme celui d'une aiguille d'horloge, les Sauvages continuèrent à décrire une courbe qu'on aurait pu croire tracée avec un compas, et qui ne semblait, ni les éloigner, ni les rapprocher de la ferme.

— Tout va bien ! s'écria alors l'artiste : ces Peaux-Rouges ne veulent pas nous inquiéter le moins du monde. Que Diable ! j'ai lu assez de livres sur leur compte, pour m'y connaître !

— Il faut partir maintenant, dit le Sioux en descendant avec rapidité.

Will était trop assiégé de terreurs et d'appréhensions pour quitter son poste aérien. Mais Adolphe n'avait pas les mêmes raisons pour rester avec lui : il descendit donc aussi afin d'échanger de nouveaux adieux avec ses amis ; enfin le chariot se mit en route.

Les deux chevaux qui l'entraînaient, malgré son bagage considérable, et le poids de cinq personnes, étaient de robustes animaux accoutumés aux travaux de la ferme, et quoique un peu lourds, ils étaient capables, lorsqu'on les pressait un peu, de fournir rapidement une longue traite.

Halleck et son ami Will Brainerd restèrent en observation toute la journée. Leur poste était tout simplement la partie plate du toit, abritée par une cheminée, à laquelle on arrivait par l'étroit châssis d'une lucarne.

L'artiste s'installa sur les tuiles avec la nonchalance étourdie qui lui était habituelle, s'arma de son télescope, et le braqua sur les amis qui s'éloignaient, son intention étant, pour se distraire, de les accompagner ainsi des yeux jusqu'à leur complète disparition.

Will, debout à côté de lui, se retenant d'une main à la cheminée, partageait ses regards entre les régions ennemies où il soupçonnait la présence des Indiens, et la région bien chère que parcouraient les bien-aimés fugitifs.

Au milieu de ses investigations il aperçut de nouveau les Sauvages groupés qui semblaient avoir encore une fois changé de direction : peut-être délibéraient-ils sur quelque plan diabolique organisé pour capturer les Blancs qui s'efforçaient de leur échapper.

— Halleck ! dit-il enfin avec un soupir d'anxiété ; quel infernal projet trament ces Peaux-Rouges ? Je commence à perdre toute espérance de salut !

— Que pensent-ils ?... que trament-ils ?... répondit l'artiste sans abaisser son télescope ; Dieu ! quels grands mots ! — Moi je suppose qu'ils ne songent à rien de particulier ; ce dont je suis certain c'est que vous êtes terriblement soupçonneux, mon cher enfant ! Contentez-vous donc d'inspecter votre part d'horizon, et laissez-moi tranquille à la mienne.

— Ah ! je vous le dis, Halleck ! insista Will en joignant les mains avec anxiété, il m'est impossible d'être tranquille lorsque je vois de telles choses. Il se prépare là-bas des événements ter-

Tous deux s'arrêtèrent, gardant un profond silence. (Page 39.)

ribles et cruels, que Christian-Jim même ne soupçonne peut-être pas. — Holà! voici cette vermine qui se remet en marche! Seigneur, Dieu! elle prend juste la fatale direction!

— Oh! parbleu! parbleu! nous sommes en plein Océan de lamentations maintenant! riposta impatiemment Adolphe; un peu de sang-froid! un peu de raison s'il vous plaît, mon petit ami! Continuez à inspecter tranquillement l'hémisphère qui vous est échu en partage; quant à moi, je sonde mon horizon avec des yeux infatigables; je ne laisserai rien échapper, soyez en sûr!

Sans se laisser calmer par les affirmations de l'artiste, le jeune Brainerd, se renfermant dans un anxieux silence, continua de surveiller la plaine où les Indiens continuaient de rôder comme des bêtes fauves de sinistre augure. Il eut la bonne chance de revoir encore ses amis qui cheminaient tout doucement à l'extrémité d'une clairière: ils disparurent bientôt derrière l'impénétrable rideau des forêts, et le cœur du jeune homme se sera involontairement en les perdant de vue.

Après être resté muet pendant une demi-heure, il se retourna vers l'artiste qui tenait attivement sa lunette à hauteur des yeux, comme si elle lui eût révélé un spectacle très-intéressant.

— Les voyez-vous encore? demanda Wil.

— Je les ai perdus de vue il y a quelques instants: répliqua Halleck.

— Et maintenant qu'apercevez-vous de suspect?

— Que, diable! voulez-vous que je voie? dit l'autre, en recommençant son inspection avec un

3

soin tout particulier, comme s'il eut voulu approfondir une question douteuse.

— Que je voie un peu ! reprit Will en prenant la lunette à son tour.

Halleck en essuya les verres avant de la lui remettre :

— Ce n'est guère la peine, à présent, ils sont si loin ! Vous n'apercevrez probablement plus rien. Je ne pouvais parvenir à les garder en vue, qu'en gardant ma lunette parfaitement immobile, toujours dans la même direction.

Heureusement, pour sa tranquillité d'esprit, Will n'aperçut point ce qui avait si fort attiré l'attention de son cousin : il aurait vu avec une inquiétude horrible, une bande de Sauvages en pleine poursuite, sur les traces des fugitifs.

Halleck n'avait pas voulu lui faire connaître un mal sans remède; dans la crainte qu'il ne vînt à les découvrir, Adolphe lui reprit sur le champ le télescope, et le mit nonchalamment dans sa poche. Plus tard, et durant toute son existence, cette vision du désert lui rappela de terribles souvenirs.

Il était tard dans l'après-midi ; quelques bouffées de vent, annonçant un orage, firent ployer les cimes des arbres. Il en résulta un peu de fraîcheur, ce qui rendit la position des deux jeunes gens plus supportable, car, jusque-là, ils avaient rôti sur les tuiles échauffées par le soleil.

Brainerd, sur les sollicitations de son cousin, s'assit à côté de lui :

— Vous voyez, mon pauvre Will, que tout va pour le mieux, lui dit ce dernier : maintenant, si nous devons recevoir la visite de ces sombres enfants de la forêt, je m'en réjouirai considérablement, car ce sera pour moi une occasion superbe d'enrichir mon album.

— En vérité ! grommela Brainerd vexé au plus haut degré, je ne puis deviner si votre indifférence est réelle ou affectée. Certes ! votre expérience de ce matin devrait avoir démoli une notable portion de vos idées baroques sur les Indiens !

— Pas une particule n'est changée chez moi, riposta l'artiste avec une bonne humeur contre

laquelle aucun courroux n'aurait pu tenir. Allons-nous rire de tout cela quand nous serons de retour à Saint-Paul !

— Oui !... si le ciel nous accorde d'y revenir jamais ;... Vous pouvez bien vous mettre une chose dans l'esprit, Adolphe ; c'est qu'avant d'être sorti du Minnesota, vous aurez, plus d'une fois, senti votre sang se figer d'horreur dans vos veines. J'ai vécu assez longtemps chez les Indiens pour savoir qu'ils ne reculent devant aucun crime, ou plutôt, il n'existe pas de crime pour eux. Je vous le répète, Adolphe, la mort est près de nous tous, une mort plus cruelle que nous ne pouvons l'imaginer.

Cependant la nuit approchait, et avec elle l'ombre pleine de perfidies et de mystères. Brainerd devint plus triste, plus inquiet encore ; Halleck, au contraire, redoubla d'aisance, d'indifférence, de sang-froid.

Après avoir fait de nouveau usage du télescope, il se mit à siffler une fanfare de chasse, non sans entrecouper sa musique de réflexions philosophiques sur les incertitudes de la guerre.

Le ciel continuait à se couvrir de gros nuages noirs ; il devint évident que la pluie ne tarderait pas à tomber avec une grande abondance. Après avoir complété toutes ses observations météorologiques et autres, Halleck songea à quitter le poste aérien où ils étaient juchés depuis plus de cinq heures ; il demanda à Brainerd s'il ne jugerait pas à propos de descendre, du moment que l'obscurité nocturne venait paralyser tous leurs efforts d'observation.

— Je ne sais plus que penser ni que dire, tant ma perplexité est grande, soupira Brainerd découragé : qu'on regarde au nord ou à l'est, on n'aperçoit partout que la réverbération des flammes dans le ciel. Nous sommes en plein désastre, Adolphe ! Il y a autour de nous une atmosphère de sang, de meurtre, de désolation. Voyez, dans la direction du Nord, à gauche de ce massif de forêts, se trouve la maison du vieux M. Smith. Elle est à dix milles de distance, environ, je suppose qu'elle recevra le premier choc des Sauvages.

— Eh bien ! lorsque l'incendie éclatera chez M. Smith, alors, à mon avis, il sera temps pour nous de prendre une résolution.

— Regardez ! s'écria Brainerd.

Tremblant, éperdu, le jeune homme appuya sa main sur l'épaule de l'artiste, en lui indiquant la maison dont il venait de parler. On y distinguait un point lumineux dont l'intensité ardente allait croissant ; au bout de quelques secondes les flammes élargies et dévorantes complétaient leur œuvre de destruction.

— Que vous avais-je dit? regardez ! répéta Will avec une sorte de terreur triomphante.

— Êtes-vous en connaissance avec M. Smith ! demanda posément l'artiste.

— Sûrement ! je le connais mieux que je ne vous connais vous-même.

— Quelle est sa famille ?

— Il y a lui, sa femme, et trois petits enfants.

— Quelle sorte de gens sont-ils ?

— Ah ! çà ! mais où voulez-vous en venir avec ces questions, Adolphe ?

— Le père ou la mère sont sans doute fort négligents ? ils ne surveillent pas leurs enfants, les laissent courir au danger, tête baissée ?

— Après ? où voulez-vous en venir à la suite de ce verbiage ?

— A rien : seulement je pense qu'ils auront laissé les enfants jouer avec le feu, et ces petits drôles auront allumé un incendie.

— Un idiot ou un imbécile pourraient seuls concevoir quelques doutes sur l'origine de ce feu !

— Enfin ! supposons que ce soient les Indiens ; chose que je n'admets pas : que vous proposez-vous de faire ?

— Mon père nous a confié la garde de ces lieux ; nous sommes les uniques défenseurs de presque toute notre fortune ; il est de notre devoir d'y rester jusqu'à la dernière extrémité. Je vais descendre à l'écurie pour harnacher nos chevaux de façon à ce qu'ils soient prêts à partir à l'heure suprême : ensuite nous nous remettrons en observation.

Will descendit pour faire les préparatifs dont il venait de parler : l'artiste resta flegmatiquement sur le toit. Le jeune Brainerd sella, brida soigneusement les chevaux, les emmena hors de l'écurie, et les cacha dans un fourré tout proche, où il pouvait espérer que l'œil subtil des Indiens ne les découvrirait pas. Aussitôt après il rejoignit Halleck.

Il n'y avait pas moyen d'en douter ; les hordes indiennes avaient commencé leur œuvre de mort et de dévastation : au nord, à l'ouest, au sud, dans toutes les directions surgissaient des traînées de flammes qui semblaient rendre les ténèbres plus profondes et plus redoutables.

L'oreille du jeune homme effrayé avait cru entendre, aussi, par intervalles, des cris, des vociférations, des plaintes déchirantes, éparses dans cette atmosphère d'épouvante.

Il lui aurait néanmoins été impossible de discerner, à coup sûr, si c'était une illusion ou une réalité lugubre ; lorsqu'il eut rejoint Halleck, il lui demanda s'il n'avait rien entendu de semblable. Ce dernier lui répondit négativement.

Il n'est pas certain que cette réponse fût l'expression de la vérité ; mais, dans son trouble, le pauvre Brainerd n'y regardait pas de si près.

CHAPITRE VII

L'ŒUVRE INFERNALE

— Avez-vous fait quelque autre découverte particulièrement alarmante ? demanda l'artiste à son cousin.

— Non, pas pour le moment ; et vous ?

— Peut-être oui, suivant votre manière de voir. Apercevez-vous ce gros tronc d'arbre, là-bas, droit devant vous?

— Oui.

— Ou bien je me trompe grandement, ou bien il y a deux Indiens cachés derrière. Je n'en suis pas absolument sûr, mais je tiendrais un pari s'il le fallait.

Brainerd jeta un coup d'œil dans la direction indiquée :

— Halleck ! murmura-t-il à voix basse après un court examen ; au nom du ciel ! quittons ce poste où nous sommes si fort en vue ! voulez vous donc vous faire fusiller comme une cible ?

En même temps il lui saisit le bras et l'entraîna par la lucarne. Au bout de quelques instants Halleck voulut y reparaître pour examiner l'état des choses.

— Gardez-vous en bien ! murmura Brainerd, ils reconnaîtraient immédiatement que nous sommes en méfiance. Descendons au second étage ; là nous pourrons sans inconvénient les surveiller à notre aise.

Les deux jeunes gens, munis chacun d'une carabine, descendirent avec précaution, et traversèrent doucement une grande chambre fermée. Halleck, moins familiarisé avec les lieux que son cousin, se heurtait aux chaises, renversait les meubles et faisait un tapage exécrable, en punition duquel Brainerd aurait souhaité de bon cœur qu'il se rompît le cou.

— Chut, donc ! grommela ce dernier ; venez donc regarder maintenant !

Les volets, en chêne épais, étaient solidement fermés. Ils portaient des lames mobiles comme celles des persiennes dans les pays chauds : en faisant tourner doucement la plus basse sur ses pivots, le jeune Brainerd pratiqua une éclaircie, inaperçue du dehors, mais bien suffisante pour leur permettre d'apercevoir tout ce qui pouvait se passer autour d'eux.

Mais, au moment où les deux cousins allaient placer l'œil à ce *Judas* improvisé, un coup violent frappé à la porte d'entrée les fit tressaillir : en même temps une voix rude cria en bon anglais :

— Ouvrez-moi !

— Voyons combien ils sont ! avant de leur laisser connaître que nous sommes ici ! murmura vivement Will en imposant silence à l'artiste.

— Il y en a une demi-douzaine je le parie, répondit l'autre sur le même ton, en quittant la fenêtre pour aller vers une croisée de l'escalier qui était directement au-dessus du portail.

Avec des précautions infinies pour ne pas faire le moindre bruit, les deux assiégés se rendirent ensemble à ce nouveau poste d'observation.

Le premier coup d'œil fut de nature à les consterner : plus de douze Indiens gigantesques étaient groupés devant l'entrée.

— Ah ! voilà le moment d'agir ! murmura Halleck.

— Rien ! rien à faire ! mon pauvre ami, si ce n'est de songer à fuir le plus tôt et le plus adroitement possible.

Mais la porte commençait à s'ébranler sous les coups réitérés ; les cris « ouvrez ! » se renouvelaient avec une violence impérieuse. Les jeunes gens descendirent à pas de loup jusqu'au rez-de-chaussée.

— Maintenant, dit l'artiste, allez faire tous vos préparatifs par la porte de derrière ; moi, je vais parlementer avec eux.

— Je ne vous abandonnerai pas dans une pareille extrémité, répliqua Brainerd, refusant d'obéir ; d'autant mieux que vous choisissez un parti qui frise la folie.

— Mais va donc ! par le diable ! insista Halleck en le poussant amicalement dans la direction indiquée : nous n'avons plus rien de mieux à faire.

— Qu'arrivera-t-il de vous ?

— Ah ! tu m'ennuies ! Est-ce que j'ai peur ? moi ! Mais, c'est mon affaire toute spéciale cette entrevue de parlementaire !

— Décidément, c'est un vrai suicide auquel vous songez-là : je ne m'en rendrai assurément pas complice ! fit Brainerd en résistant toujours.

— Ce n'est point ainsi que je l'entends, par-bleu ! tu vas t'évader, te mettre en selle, me tenir mon cheval prêt, et je ne tarderai pas à te suivre.

Il fallait bien se rendre à la généreuse obstination d'Halleck : la porte de derrière fut doucement ouverte ; aucun Indien n'apparaissait de ce côté. Will se glissa dehors sans bruit, et Halleck revint faire face aux Sauvages dont les violences redoublaient.

— Qui va là ? demanda-t-il d'une grosse voix.

— De pauvres Indiens, ils veulent entrer, fatigués ; ils s'assoiront un peu pour se reposer.

— Voulez-vous rester ici toute la nuit ?

— Non ! ils s'en iront bientôt, ne resteront pas longtemps, fatigués : ils veulent s'asseoir un peu pour se reposer.

— Eh ! bien, reposez-vous tranquillement par

terre, et voyez un peu ce qui en résultera : si ça ne vous va pas, cherchez ailleurs.

Un profond silence accueillit cette réponse. Puis, tout-à-coup, la porte reçut une telle bordée de coups qu'elle en trembla sur ses gonds.

A ce moment l'artiste fut d'avis qu'il fallait « aviser. » Sans avoir de projet arrêté, il s'élança lestement par l'issue dérobée qu'avait prise Brainerd, referma soigneusement la porte de façon à ne laisser aucun indice qui pût trahir son mode d'évasion.

Tout cela fut fait en un instant et avec une promptitude qui lui sauva la vie ; car, à la minute même où il gagnait le large, la grande porte était enfoncée et les Sioux entraient en forcenés dans la maison.

Bien en prit à Halleck d'avoir refermé l'issue secrète car, au bout de quelques secondes, les Sauvages auraient été sur ses talons. Mais, n'apercevant rien au rez-de-chaussée, ils supposèrent que leur invisible interlocuteur avait gagné les étages supérieurs, et s'élancèrent à sa poursuite dans les escaliers.

D'abord, Halleck s'arrêta dans le jardin pour observer les environs et prêta l'oreille, cherchant surtout à retrouver son cousin. Au bout de quelques instants, n'apercevant et n'entendant rien, il se mit à marcher tout doucement, la carabine en main, le fameux album sous son bras, et un cigare non allumé aux lèvres.

La seule mésaventure qui lui arriva, fut de rencontrer à hauteur de visage une corde de lessive qui, suivant son expression, « faillit lui scier le cou. »

Une fois hors du jardin, sous l'abri d'un grand arbre, il s'arrêta pour observer ce que faisaient les sauvages. Ils continuaient de parcourir bruyamment la maison, cherchant toujours les habitants qu'ils supposaient cachés dans quelque coin.

— Vous pouvez continuer vos perquisitions comme cela toute la nuit, si ça vous amuse, murmura-t-il avec un sourire silencieux : il est dans l'opinion d'un certain gentleman de mon âge et de ma ressemblance, que vous chercherez

très-longtemps sans trouver sir Adolphe Halleck. Bonsoir, mes coquins cuivrés ! à l'avantage de vous revoir.

Il aurait été imprudent de s'attarder auprès d'un aussi dangereux voisinage. L'artiste se mit donc à chercher l'endroit où Brainerd devait l'attendre avec les chevaux : mais, à son grand déplaisir, il ne trouva rien ; après avoir tâtonné dans les broussailles pendant quelques instants, il en fut réduit à croire que l'autre l'avait abandonné seul au milieu de ce formidable danger.

Cette pensée ne le laissa pas sans émotion : il s'aventura même à appeler Will plusieurs fois, d'une voix contenue. Enfin, ne recevant aucune réponse, il prit la résolution de se tirer d'affaire tout seul.

La position, incontestablement, était fort épineuse : seul, avec une carabine à un coup pour toute défense, en regard d'une bande d'Indiens enragés pour la magnanimité desquels il n'avait plus la même admiration, Halleck se voyait fort embarrassé sur le parti à prendre.

Néanmoins, il délibéra avec une lucidité qui lui faisait honneur.

Rester tapi dans le fourré, jusqu'au matin, c'était littéralement se jeter dans la gueule du loup. D'autant mieux que, depuis quelques instants, l'incendie qui dévorait le Settlement entier, éclairait comme un soleil tous les bois d'alentour : il devenait impossible de s'y cacher

D'autre part, fuir à travers champs dans la direction de Saint-Paul, était un moyen praticable, quoique chanceux, mais il n'entrait pas « constitutionnellement » dans la tête de l'artiste, d'adopter ce système « peu chevaleresque » d'évasion autrement qu'en cas de nécessité absolue.

— Que la peste l'étouffe ! grommela-t-il : où ce jeune animal peut-il s'être fourré avec ses chevaux ? Holà hé !

Seul, le craquement sinistre de l'incendie lui fit réponse : de longues traînées de flamme, éblouissantes de blancheur, percèrent la fumée comme des éclairs. Halleck recula instinctivement lorsqu'il se vit tout illuminé par ce jour funeste.

Dans ce mouvement rétrograde, il faillit se heurter contre un grand Sauvage dont il n'avait assurément pas soupçonné la présence. Halleck tira son révolver de sa ceinture, mais avant qu'il l'eût armé sa main était emprisonnée dans celle de l'Indien. Cependant aucune lutte ne s'engagea, car l'artiste, à sa surprise extrême, sentit l'étreinte de son adversaire se relâcher amicalement.

— Moi, bon pour homme blanc. Courez là-bas. On attend.

Et le géant Sauvage disparut comme un météore, laissant Adolphe plus intrigué que jamais.

— Voilà le *vrai Indien!* murmura-t-il après quelques instants de réflexion; il confirme pleinement mes théories! Que le diable l'emporte! ne pouvait-il pas me donner le temps de le croquer, en deux coups de crayon?.., C'est un type splendide! J'aimerais faire échange de cartes avec lui... Comment a-t-il réussi à dénicher Brainerd?

Il ne vint pas, une seule minute, à l'esprit d'Halleck, la pensée que cet homme avait pu le tromper et lui indiquer le chemin au bout duquel l'attendait une mort horrible. Aussi, sans hésiter, il marcha vivement au point désigné. Pendant le trajet, il aperçut à droite et à gauche des Indiens à cheval; heureusement il se faisait bien petit dans l'herbe et se glissait fort adroitement, sans le moindre bruit, car il ne fut point découvert; mais il convint, lui-même, plus tard, que chaque reflet d'incendie lui semblait l'éclair d'un rifle, et que plus d'une fois il menaça de l'œil quelque grosse racine, la prenant pour un Indien embusqué dans l'ombre.

Néanmoins ses opinions « constitutionnelles sur les aborigènes » ne furent pas sensiblement modifiées; on l'aurait invité à exposer sa théorie nouvelle, qu'il n'aurait pas hésité à dire : « Le « Sioux a des moments d'emportement inouïs, « mais, au milieu même de ses plus grandes « exaspérations, il sait user d'une chevaleresque « magnanimité envers l'homme blanc. »

Après avoir parcouru un petit sentier sombre, Halleck entrevit trois formes vagues, groupées ensemble; c'étaient Brainerd et les deux chevaux qu'il tenait par la bride.

Adolphe l'eut bientôt rejoint.

— Vous me pardonnerez, se hâta de dire Will, si je ne vous ai pas exactement tenu parole; j'ai été forcé de m'éloigner, ma cachette était trop proche; j'aurais été découvert sur-le-champ.

— Tout va bien! mon ami; vous avez fort bien manœuvré, car, en effet, il y avait dans cette région infernale, des *coups de jour* fort dangereux.

— Comment avez-vous réussi à me trouver?

— Un noble, majestueux, estimable Indien Américain m'a indiqué ma route, spontanément, et sans aucune question de ma part!

— Ah! oui c'était Paul: un autre Sauvage converti.

— Mais, s'il est chrétien, que vient-il faire dans cette bagarre?

— Il a été contraint de feindre pour sauver sa vie. Je suis presque sûr qu'il n'en fait que tout juste afin de se mettre à l'abri des soupçons, et qu'au contraire il épie les occasions de nous être secourable. Nous le reverrons sans aucun doute. J'aimerais à cultiver sa connaissance; à lui faire compliment sur la noblesse de ses procédés.

— Allons! allons! vite en selle! interrompit Brainerd : Soyons prêts à disparaître.

Une fois sur leurs montures, les deux jeunes gens se retournèrent pour jeter un regard vers le lieu de désolation qu'ils abandonnaient. La maison toute entière n'était qu'une masse incandescente du sein de laquelle s'échappaient à longs intervalles des grondements sinistres, ressemblant aux plaintes d'un colosse agonisant. Tout autour flottait une atmosphère rouge, sanglante, pleine de reflets sombres et sinistres; image saisissante du chaos!

— Ah vraiment! c'est trop, cent fois trop malheureux! murmurait Brainerd, inconsolable; voici la seconde fois que mon père est ruiné. Quel malheur de voir brûler ainsi le seul asile de la famille, sous nos yeux, sans pouvoir lui porter aucun secours!

— Pauvre Will! vous avez raison... Mais, n'en doutez pas, ces malheureux qu'égare un moment de passion rétabliront ce qu'ils ont ruiné, lors-qu'ils seront rentrés dans le calme de leur conscience.

Brainerd ne parut accorder aucune attention à cette métaphysique trop alambiquée pour être consolante.

— Au milieu du désordre qui préside à tous leurs mouvements, poursuivit-il sans répondre au discours d'Halleck, ils ont l'air de se grouper tous sur le côté opposé de la maison : je voudrais bien savoir ce qu'ils veulent faire ; faisons un détour pour nous en assurer.

— Vous attendrai-je ici ?

— Il n'y a aucun inconvénient, car le champ est libre pour courir : au premier signe de mauvais augure, élancez-vous dans la prairie, suivant la direction prise ce matin par nos amis. Je vous rejoindrai le plus tôt possible.

— Ne soyez pas trop long, observa Halleck ; non pas que j'aie des craintes sur notre sort ; mais j'ai hâte d'en finir avec toutes ces incertitudes.

Brainerd, suivant son projet, fit un circuit dans la prairie, de façon à tourner la maison, et à découvrir sa façade opposée. Halleck mit pied à terre et s'adossa à un gros arbre, après avoir passé à son bras la bride de son cheval ; puis il attendit avec assez d'impatience, maugréant de ne pas avoir un cigare allumé.

Bientôt un « élément » nouveau d'inquiétude vint se joindre a ses émotions premières. Non contents d'avoir livré aux flammes le bâtiment principal, les Sauvages avaient incendié toutes les constructions accessoires ; de sorte que la circonférence du désastre s'était successivement agrandie, au point de refouler les Indiens à une grande distance, tant la chaleur était devenue intolérable. Tout le voisinage, et notamment le point où se trouvait Halleck, étaient devenus fort dangereux à cause des rôdeurs qui s'y répandaient.

Son inquiétude devint si vive qu'il fit un demi-tour vers l'Est, et n'arrêta sa monture que lorsqu'il eût placé un mille entre lui et le sinistre. Là, il fit halte, et se remit à attendre. Néan-

moins la fascination exercée sur lui par l'aspect de l'incendie était si grande, qu'il ne pût s'empêcher de se retourner pour contempler ce sinistre soleil de la nuit.

A ce moment il entendit le galop d'un cheval.

— Par ici ! Brainerd ! cria-t-il en allant à sa rencontre : Ah ! mon ami ! quel émouvant spectacle ! J'y trouve une grande ressemblance avec l'embrasement d'un vaisseau en pleine mer : ne trouvez-vous pas ?

Son compagnon ne lui répondit rien ; aussitôt il ajouta :

— Je remarque une chose, Will ; c'est que nous nous dirigeons plutôt au Nord qu'au Levant... Chut ! J'entends des pas de chevaux.

Tous deux s'arrêtèrent, gardant un profond silence. Cependant le cavalier survenant vint droit à eux comme s'il les eût aperçus ou entendus : c'était un Sauvage, qui fut sur eux avec la promptitude de l'éclair.

Halleck, à son approche, avait cherché son révolver ; mais à son inexprimable regret, il s'aperçut qu'il l'avait perdu.

— Will ! s'écria-t-il, aus à cet Indien ! avant qu'il...

Il s'arrêta brusquement, car il venait de reconnaître, dans ce silencieux compagnon, un énorme Sauvage qui remplaçait fort désavantageusement Brainerd.

Au même instant il se trouva serré entre ces deux ennemis, sans autre arme que sa carabine désormais inutile.

Avant qu'il eût fait un mouvement ou prononcé un mot, l'Indien dernier arrivé prit la parole :

— Homme blanc, prisonnier — s'il bouge, sera scalpé.

— Je crois bien qu'il ne me reste aucune autre ressource, répondit sans façon Halleck ; vous me traiterez, je pense, avec la courtoisie chevaleresque qui a rendu votre race si célèbre dans le monde.

— Venez avec nous ; lui fût-il brièvement répondu.

Et on l'emmena dans la direction de l'incendie.

L'un des deux sauvages n'avait rien dit, n'avait fait aucune démonstration. Il se contenta de prendre position à gauche du prisonnier, qui ainsi se trouvait gardé à vue de tous côtés. Tout en chevauchant, l'artiste chercha à distinguer les visages de ses vainqueurs : un frisson singulier courut dans ses veines lorsqu'il crut reconnaître, dans l'un des deux, l'Indien Paul qui lui avait précédemment rendu un bon office.

Plusieurs fois il fut sur le point de lui adresser la parole : instinctivement il se contint, et la route s'effectua en silence.

Tout cela n'était point sans mystère. L'artiste s'en préoccupait fort, lorsque l'un de ses deux gardiens resta de quelques pas en arrière : l'autre avec un mouvement de surprise, en fit autant. Craignant quelque sinistre projet contre sa personne, Halleck se retourna pour épier leurs mouvements.

Il aperçut les deux sauvages marchant côte à côte, puis l'éclair soudain d'un couteau : l'un d'eux tomba mort et glissa lourdement à bas de son cheval.

— Restez là, vous, dit aussitôt le secourable Paul ; l'autre jeune Blanc va venir — Les Indiens galopent contre les femmes — courez après. — Il y aura des scalps.

Et l'Indien disparut plus prompt qu'un souffle d'orage, laissant Adolphe tout palpitant d'émotion.

Son audace nonchalante commençait à l'abandonner, et il se surprenait à rouler dans sa tête de sombres pressentiments, surtout depuis que l'immense danger couru par ses amis venait de lui être si soudainement révélé. Il désirait maintenant, avec angoisse, courir vers le chariot fugitif, et, par conséquent, attendait Brainerd avec une impatience extrême.

Bientôt le trot d'un cheval retentit à proximité, Halleck se tint prêt à recevoir le nouvel arrivant de pied ferme, qu'il fût ami ou ennemi. Heureusement toute précaution était inutile; au bout de quelques instants Brainerd apparut et reçut avec une émotion facile à comprendre la communication des événements survenus pendant son absence.

Après avoir donné un dernier et triste regard à ce qui fut la maison paternelle, les deux amis s'enfoncèrent rapidement dans la forêt épaisse au travers de laquelle ils devaient suivre les traces des fugitifs partis avant eux.

CHAPITRE VIII

QUESTION DE VIE OU DE MORT

Vers minuit une pluie fine mais serrée commença à tomber sans discontinuer jusqu'au matin. Les deux jeunes cavaliers étaient percés jusqu'aux os, affamés, fatigués ; tout cela joint à la vive inquiétude qui les dévorait, rendit leur position extrêmement pénible.

L'artiste insistait pour s'arrêter et allumer du feu ; mais Brainerd s'opposa de toutes ses forces à une telle imprudence, objectant, avec raison, que la fumée inévitablement produite par le foyer attirerait sur eux d'une façon très-périlleuse l'attention des rôdeurs Indiens.

L'aspect du pays avait successivement changé. Au lieu de la prairie uniforme et presque nue, les voyageurs rencontraient maintenant une végétation plus abondante, des ruisseaux, des collines assez élevées, et des groupes d'arbres qui annonçaient une région forestière.

Will, dont la jeune expérience était toujours en éveil, évitait soigneusement les fourrés, les buissons sombres, dont les flancs pouvaient recéler des embuscades, et s'en éloignait par de longs détours.

Cependant, après plusieurs heures d'une course rapide, ils n'avaient rencontré aucun indice qui annonçât la présence d'un ennemi : Will commença à être convaincu sérieusement que les hordes malfaisantes des *Petits Corbeaux*, des *Wacoutahs*, des *Wabashaw*, et des *Pieds-Rouges*, n'avaient point encore pénétré sur ce territoire. Néanmoins ses appréhensions étaient loin d'être calmées, car les Sauvages ne connaissent ni les distances ni les difficultés, et devancent, dans leurs poursuites acharnées, les fuites les plus promptes.

Midi approchait : les jeunes gens étaient tour-

Alors, Christian Jim a conduit le chariot dans un fourré impénétrable. (Page 47.)

montés par une faim intolérable; ils se décidèrent à faire halte pour tâcher de se procurer la nourriture nécessaire. Les ruisseaux et les lacs du Minnesota abondent en poissons de toute espèce, les bois sont giboyeux à l'excès; ils ne devaient donc avoir aucune difficulté à se procurer de la venaison.

Pour arriver à leur but, ils furent obligés de pénétrer dans un bois dont l'étendue paraissait être d'environ vingt ou trente ares. Mais lorsqu'ils en furent à une centaine de pas, Brainerd arrêta son cheval.

— Je ne suppose pas que nous courions un grand risque en nous approchant ainsi de la forêt; cependant nous agissons d'une manière qui ne me convient pas.

— Pourquoi ?

— Il est impossible de sonder les coquineries des Peaux-Rouges. Nous sommes loin d'être hors de danger; si ce n'est en rase prairie.

— Eh bien! au contraire, moi, je pense que ces gens-là ont un fond de noblesse et de chevalerie qui les poussera toujours à nous attaquer ouvertement.

— Ah! pauvre Adolphe, vous êtes obstiné dans vos ridicules illusions! Oui, s'ils sont en nombre énormément supérieur et sûrs de nous écraser, ils nous attaqueront effrontément; mais heureusement nous sommes bien montés et suffisamment armés pour les tenir à distance. Tout ce que je crains, ce sont les embuscades; les Indiens n'ont pas d'autre idée en tête.

— Si vous le préférez je vais battre le bois; vous m'attendrez ici.

— Non ! je vais avec vous.

Ils pénétrèrent ensemble sous la voûte de verdure, firent quelques pas et écoutèrent en regardant tout autour d'eux. La forêt était silencieuse comme une tombe; pas un être animé n'y donnait signe de vie.

— J'espère que nous sommes seuls, dit Brainerd ; comme les broussailles sont très-inextricables par ici, nous serons obligés de mettre pied à terre et de nous séparer quelque peu, afin de chasser pendant quelques heures chacun de notre côté.

— C'est parfait! répondit Halleck se mettant en devoir d'obéir ; nous nous retrouverons ici, chargés du gibier que nous aurons pu conquérir.

Ils se séparèrent ainsi : l'artiste prit à droite, son compagnon à gauche. D'abord une grande quantité d'écureuils s'offrit à leur vue, mais ils dédaignèrent d'aussi menues proies, réservant leurs munitions pour de meilleures rencontres.

Au milieu de ses zigs-zags, l'artiste fit la rencontre d'une petite source, abritée dans le creux d'un énorme rocher ; tout autour de ce nid frais et murmurant s'enlaçaient les racines noueuses de grands arbres au milieu desquelles ruisselaient avec une grâce infinie les plus mignonnes cascades.

Le site était ravissant ; aussi Halleck après s'être avidement désaltéré à cette glace liquide, ne put résister au désir d'en faire le dessin.

En conséquence, il ouvrit son inséparable album, et accomplit son œuvre avec une attention que rien ne pouvait distraire. Tout en crayonnant, il crut bien entendre, une douzaine de fois, Brainerd décharger son fusil; mais il ne se troubla pas pour cela; au contraire, il en conclut qu'il était heureux en chasse, et que dès lors, lui Halleck, pouvait bien vaquer à son cher dessin.

Néanmoins, il fit la réflexion que rentrer sans une seule pièce de gibier serait chose humiliante; aussi, lorsqu'il eut fini, il replia son album et repartit en chasse, le fusil sur l'épaule.

Mais ses aventures n'étaient pas finies, à beaucoup près. A proximité d'une petite éclaircie, il s'arrêta tout frissonnant; son oreille aux aguets venait d'entendre une voix plaintive, semblable au râle d'un agonisant. Il écouta encore ; il n'y avait point à s'y méprendre, c'était bien les gémissements d'une créature humaine blessée à mort; ils partaient d'un buisson situé à une cinquantaine de pas.

Halleck courut dans cette direction et découvrit avec consternation un homme étendu à la renverse sur le sol : il paraissait mortellement blessé et n'avait plus qu'un souffle de vie.

L'artiste se pencha sur lui d'une façon compatissante.

— Comment vous trouvez-vous en ce misérable état, pauvre malheureux? lui demanda-t-il.

— Hélas ! murmura le moribond en se raidissant pour regarder autour de lui comme s'il eut appréhendé le retour d'un ennemi féroce ; ce sont ces Sauvages... Ils ont massacré ma femme et mes enfants, et m'ont traîné jusqu'ici pour y expirer.

— Où sont-ils, les Indiens ?

— Partout ! vous n'en avez point rencontré?

— Y a-t-il d'autres hommes Blancs dans ces bois?

— Il y en avait quatre, que les Sauvages ont suivis à la piste depuis ce matin.

— Que sont-ils devenus?

— Trois gisent dans l'herbe près d'une source, où ils ont été fusillés.

L'artiste se releva, les cheveux hérissés sur la tête, et alla au lieu indiqué, pour vérifier ce que venait de lui dire l'agonisant. En effet, il trouva un homme et deux enfants, froids, raidis dans les embrassements de la mort. Ils avaient été si brutalement hachés à coups de tomahawks, que l'œil d'un ami n'aurait pu les reconnaître.

Après avoir contemplé pendant quelques minutes avec égarement cet effrayant spectacle, l'artiste revint au moribond ; mais il ne trouva plus qu'un cadavre.

Il resta un instant immobile, perdu dans une sombre rêverie.

Tout à coup, une détonation, suivie d'un sifflement qui lui passa devant la figure, le rappela au sentiment de la réalité, c'est-à-dire du danger.

Sa première manœuvre fut digne d'un vétéran dans la guerre forestière : il bondit en arrière d'un arbre, et s'y cacha de façon a être garanti contre une nouvelle balle.

Il avait remarqué la direction d'où était venu le message de mort ; il s'abrita en conséquence, et se tint en observation.

Une pensée lui causait un certain malaise : Si ses ennemis étaient nombreux, l'issue de l'aventure pouvait devenir extrêmement désagréable. Il éprouva un sentiment de soulagement lorsqu'il aperçut une figure sombre, une seule, se dessinant derrière les feuillages.

— Impudent vagabond ! murmura Halleck, tu lorgnes par ici pour juger du résultat de ton coup. Attends un peu, je vais te rendre la monnaie de ta pièce.

Malheureusement, l'œil expérimenté de l'Indien avait remarqué le canon de carabine qu'Adolphe dirigeait contre lui ; il se déroba subtilement derrière un arbre, au moment où le coup partait, et esquiva ainsi une conclusion précipitée de tous ses combats.

Sans s'arrêter à savoir s'il avait touché le but, Halleck rechargea son arme avec toute la rapidité possible ; il venait d'assurer la dernière bourre, lorsqu'avec un cri insultant de triomphe le Sauvage arriva en bondissant sur lui.

Quoiqu'il n'eut pas encore placé la capsule, Halleck ne se troubla point, et coucha en joue son adversaire. Ce dernier, trompé par ce sang-froid, crut que l'artiste avait une arme à deux coups, et se cacha vivement derrière un arbre.

Avec la rapidité de la pensée, Halleck mit sa capsule, arma la batterie, et attendit, tout en réfléchissant qu'au fond les choses allaient pour le mieux puisque la partie était égale.

Cependant, chacun des deux adversaires étant abrité, la bataille devenait une question de stratégie. Le vainqueur devait être celui qui, le premier, parviendrait à surprendre l'autre hors de garde.

Une histoire du désert revint alors en mémoire à l'artiste : il se rappela avoir lu qu'un Européen se trouvant en position analogue, avait imaginé de tromper son ennemi et de provoquer son feu, en faisant apparaître cauteleusement son chapeau ou un autre objet paraissant indiquer que la tête était dessous. L'Indien avait fusillé un bonnet suspendu au bout d'une branche, et lorsqu'il était arrivé sur celui qu'il croyait mort, il avait reçu lui-même le coup mortel.

Halleck se souvint aussi avoir vu cette petite scène reproduite par un dessin qui l'avait charmé.

Mettant aussitôt ses souvenirs en pratique, l'artiste plaça son Panama sur le canon de la carabine, et l'éleva doucement un peu au-dessus de l'arbre. Mais il avait compté sans la perspicacité de son adversaire, et aussi sans sa propre inexpérience : le chapeau balançait sur son appui improvisé, ses allures n'étaient pas naturelles, il n'y avait pr trompe-l'œil.

Aussi, eût-il beau reproduire son artifice sur toutes les faces du tronc d'arbre, le Sauvage se contenta de grimacer un sourire méprisant, et ne bougea pas.

Halleck finit par comprendre que sa ruse était éventée ; il en conclut que l'Indien devait avoir lu cette histoire et pris connaissance de l'illustration qui l'accompagnait. Mais, en même temps, il fit, dans la doublure de sa veste, une découverte qui lui causa un sensible plaisir. Son révolver qu'il avait cru perdu, ayant glissé par une poche décousue, s'était réfugié un peu plus bas entre un porte-cigares, un étui à crayons, un couteau-fourchette et le télescope.

Cette trouvaille réconforta considérablement l'artiste, et lui suggéra l'idée d'une autre ruse Une sorte de protubérance indécise, ressemblan un peu à une tête abritée par une couverture, se montra du côté de l'Indien, et disparut aussitôt. Quelques secondes après, la même apparition se reproduisit sur un autre point. L'artiste comprit l'artifice ; un demi-sourire plissa ses lèvres, il épaula et fit feu.

Comme il s'y attendait, un hurlement de triomphe lui répondit, et le Sauvage se précipita sur lui, le tomahawk levé. Halleck laissa tomber son rifle et dirigea contre l'ennemi, avec la fermeté d'une tige d'acier, son poing armé du révolver. Le Sauvage sans méfiance continua d'avancer ; trois petites détonations sèches et brèves retentirent, enfonçant chacune un messager de mort dans le buste de l'Indien.

Il ne tomba qu'au troisième coup.

— Les carabines ne sont pas les seuls instruments propres à la fusillade, mon bel ami cuivré, murmura l'artiste en replaçant paisiblement son arme en lieu sûr : ce petit engin fait peu de fracas mais d'excellente besogne, comme vous avez pu voir. Il y a mieux ; pour le cas où il y aurait d'autres vagabonds de même espèce dans le voisinage, je vais recharger toute mon artillerie.

En procédant à cette opération, il donna un coup d'œil au vaincu qui se débattait dans l'herbe, au milieu des dernières convulsions. Sa face contractée était horrible à voir ; c'était le type d'une férocité infernale. Du reste, elle ne trompait pas, cet homme avait commis tous les crimes depuis l'assassinat jusqu'à l'incendie ; sa ceinture portait en grand nombre les scalps des femmes et des enfants. La mort qu'il venait de subir était une punition trop douce ; ce n'était pas en guerrier, mais en supplicié qu'il devait finir.

Il lança à Halleck des regards furieux, comme s'il avait voulu l'anéantir ; ses dents grincèrent, ses mains se crispèrent sur les broussailles environnantes.

— Va-t-en ! va ! lui cria-t-il en Anglais, va-t-en ! coquin ! moi tuer...

— Je ne doute pas de vos bonnes intentions à mon égard, murmura Halleck impassiblement ; mais elles m'effrayent encore moins que tout-à-l'heure.

— Le chien Face-Pâle peut courir, il arrivera trop tard dans la prairie. Les guerriers Indiens ont suivi la piste de l'Oncle John et de ses femmes.

Halleck sentit comme un coup de couteau dans le cœur ; le souvenir de ses amis et des dangers qu'ils pouvaient courir lui revint en esprit :

— Que dites-vous ?... Ils ont été surpris par cette canaille rouge ?... Où ?... Quand ?... Mais, parle donc, gredin !... cria-t-il en se penchant sur le blessé.

Tout fut inutile : l'Indien avait entonné son chant de mort, dont rien ne pouvait le distraire ; et au fond de ses yeux demi-éteints, vacillaient comme des lueurs fugitives les flammes de la colère, de la haine, de la vengeance.

Halleck prit soudain son parti ; abandonnant le monstre à la mort qui s'en emparait, il courut en toute hâte au rendez-vous convenu.

Là, il trouva les chevaux dans la position où on les avait laissés, mais Brainerd n'était pas encore de retour. L'impatience fiévreuse d'Halleck était telle qu'il fut sur le point de partir sans l'attendre : heureusement le jeune Settler ne tarda pas à paraître, ployant littéralement sous le poids du gibier.

A peine fût-il arrivé qu'Adolphe lui expliqua précipitamment tout ce qui venait de se passer, insistant particulièrement sur les révélations de l'Indien concernant les dangers courus par leurs amis.

Sur-le-champ ils se remirent en route : leur appétit, tout surexcité qu'il fut par le besoin, s'était évanoui devant ces nouvelles inquiétudes. Seulement, par mesure de précaution, les jeunes gens chargèrent en croupe une portion de leur gibier.

— Cette race Indienne me paraît avoir changé un peu de cachet par ici, observa l'artiste lorsqu'ils furent en pleine campagne ; je trouve surtout des types incroyables de vagabonds,... ils ne me déplaisent pas trop.

— Eh ! mon cher ! ce sont ces *nobles guerriers* dont vous êtes si poétiquement entiché ! ces *hommes chevaleresques et généreux* daignent, à cette heure, courir sur la piste de mon père, de ma mère, de ma sœur, comme des limiers altérés de sang ; ces *braves gens*, comme vous les appelez, dansent peut-être à cette heure, les pieds dans le sang, autour des scalps de Maria et de Maggie !

— Écoutez donc, Will ; je déteste ces Indiens vagabonds qui pullulent sur les frontières de la civilisation. Mais si nous étions à cent milles plus loin dans les bois...

— Eh ! mon pauvre cousin, vous auriez déjà subi vingt fois la mort si la chose était possible ! interrompit Brainerd avec irritation ; il est temps, croyez-moi, de jeter au loin vos niaises utopies sur les Sauvages, et de vous conduire un peu d'après l'expérience de gens qui en savent plus que vous là-dessus !

— Au moins, vous m'accorderez une chose ; c'est qu'ils n'ont pas commis un seul acte de cruauté, avant d'y avoir été poussés par la méchanceté des Européens.

— C'est possible : mais ils ne se sont pas privés de prendre des revanches féroces.

— Remarquez-le bien, Will ; les trafiquants, les émigrants, les pionniers, les forestiers, les chasseurs, les trappeurs, les settlers, tout le monde s'est jeté sur ce pauvre désert et sur ses pauvres habitants comme sur une terre de conquête ; on a pris, on a pillé, on a gaspillé, on a brûlé, on a chassé, on a massacré à tort et à travers ; on a violenté et exaspéré les Indiens de toutes manières ; on leur a tout pris, l'eau, la terre, et jusqu'à l'air du ciel ; on les a anéantis... Est-ce que tout cela ne crie pas vengeance ?

— Dites ce que vous voudrez, Halleck ; vous n'empêcherez pas que leur cruauté n'ait dépassé toutes les dimensions de l'offense : il y a longtemps qu'ils se sont vengés au double, au triple, au centuple !

— Mon opinion est que ce soulèvement n'est qu'une ébullition passagère et locale ; dans quelques jours il n'en sera plus question.

— Vous croyez cela ?... Eh bien ! priez Dieu pour que les Sissetons, les Yanktonas, les Yanktonis ne se joignent pas à l'insurrection ; ou bien faites en votre sacrifice, vous ne reverrez plus Saint-Paul.

— Mon Dieu ! Will, comme vous amplifiez le danger ! Parce que nous avons eu la mauvaise chance de rencontrer deux ou trois vagabonds dans les bois, voilà-t-il pas que vous ne voyez plus que soulèvement dans tout le Nord !

— Si vous aviez seulement la moitié de mon expérience, vous ne seriez pas si aveugle.

— Oh ! quelle perspective splendide ! s'écria tout-à-coup l'artiste avec enthousiasme ; si j'en avais le temps, comme je crayonnerais cela !

— Vous pouvez vous en donner ici à cœur joie, riposta aigrement Brainerd, si vous considérez cela comme plus important que les existences et le salut des nôtres.

— Là ! là ! calmez-vous, cher Will ! je n'ai pas la moindre idée de ce genre. Il n'y a aucun mal, ce me semble, à admirer d'aussi belles choses en passant. Dieu ! que c'est admirable ! Ces forêts d'un vert-bleu sombre !... Cette prairie de velours vert !... et ce lointain de montagnes qui escaladent le ciel ! Will ! regardez ! fit soudain Halleck à voix basse, il y a sur cette colline quelqu'un qui nous télégraphie des signaux !...

CHAPITRE IX

JIM L'INDIEN EN MISSION

Sur l'extrême sommité du coteau, les deux amis aperçurent en effet la tige d'un arbre qui se balançait à droite et à gauche, de façon à indiquer l'intervention active d'un homme ou d'un animal.

L'artiste fit usage de son télescope pour inspecter longtemps en silence ce phénomène inexpliqué.

— Pouvez-vous me définir cela ? demanda-t-il à son compagnon, en lui passant la lunette.

— Au moment où l'arbre s'est incliné à droite, reprit Will en parlant lentement sans cesser de regarder, il m'a semblé apercevoir quelque chose comme une tête. Maintenant, appartient-elle à un Indien ou à un Blanc, je l'ignore. Voyez un peu Adolphe.

L'artiste regarda longuement et avec une attention soutenue, sans pouvoir déterminer à quelle espèce humaine appartenait l'être mystérieux, objet de sa curiosité.

Cependant les deux jeunes gens avaient arrêté leurs chevaux ; cette halte fut sans doute remarquée par l'inconnu, car ses signaux devinrent plus agités qu'auparavant.

— Approchons-nous, dit Brainerd ; au moins nous saurons à quoi nous en tenir.

— Ce sera quelque pauvre réfugié, épuisé par une longue course, et ne sachant plus à quel saint se vouer.

— Dans tous les cas, pourquoi ne descend-il pas vers nous pour se faire connaître ?

— Impossible à dire : ma curiosité est piquée au plus haut degré, il faut que j'aille savoir ce que c'est.

— Je crains quelque perfidie, observa Brainerd. Suivant toute probabilité, il y a quelque bande la-tenue blottie, là-haut, dans les broussailles.

— Bah! ils auraient déjà fondu sur nous, pour nous envelopper.

— Non; ils ne possèdent sans doute pas de chevaux, et leur ruse consiste à se cacher. Ils savent parfaitement qu'ils ne peuvent rien contre nous, à moins que nous n'approchions à portée de fusil: c'est là ce qu'ils attendent.

— Nous ne saurons rien d'ici, reprit Halleck, il faut nous approcher un peu.

Brainerd mesura soigneusement la distance du regard.

— Nous pouvons faire une centaine de pas dans cette direction; à cette distance nous courons quelques chances d'être fusillés sans trop de danger. Il y a peu de tireurs capables d'atteindre leur but à pareil éloignement; néanmoins j'ai connu des Indiens qui s'en seraient chargés.

Ils s'avancèrent vers la colline, doucement et avec mille précautions; puis, lorsqu'ils se crurent au point extrême qu'il était prudent de ne pas dépasser, ils firent halte.

L'artiste regarda au travers de sa lunette: à ce moment l'arbre tomba par terre, mais personne n'apparut derrière.

— Qu'est-ce encore, cela? demanda-t-il en se retournant vers son compagnon.

— Il s'aperçoit que nous venons à lui, et il juge convenable de suspendre ses signaux.

— Eh bien! s'il en est ainsi, tournons-lui le dos; il recommencera son manège.

Les jeunes gens ramenèrent leurs chevaux dans une direction opposée, comme s'ils avaient voulu s'éloigner. Mais lorsqu'ils eurent fait quelques pas, un appel lointain arriva à leurs oreilles: en retournant la tête ils aperçurent un Indien qui étendait vers eux sa couverture blanche.

— Bon! fit Brainerd; le voilà furieux de notre prudence, il nous insulte de loin.

— Voyons, que je le lorgne cette fois, comme si je voulais faire son portrait.

A ces mots, l'artiste braqua sur lui son télescope, le regarda attentivement; puis, baissant soudain son instrument:

— Je parie que je connais cet homme, Will. Qui croyez-vous?...

— Un *Petit-Corbeau*, un *Nez-Coupé*, quelque autre de cette espèce?...

— C'est Christian Jim.

Au moment où Brainerd, avec un signe d'incrédulité, cherchait à vérifier cette assertion, ils purent distinguer Christian Jim accourant vers eux à grande vitesse.

Quoique certains, cette fois, d'avoir affaire à un ami, les jeunes gens ne firent aucun mouvement pour aller au-devant de lui, tant ils redoutaient de faire quelque fausse démarche.

Mais, dès qu'il fût à portée de la voix, Brainerd, incapable de maîtriser sa fiévreuse impatience, s'écria:

— Où les avez-vous laissés, Jim?

— Là-bas, à quarante milles environ dans les bois.

— Et comment vous trouvez-vous ici?

— Je vous cherche, riposta l'Indien d'un air mécontent; prenez-moi vite sur un cheval, vite! les Indiens sont là!

Tous deux jetèrent un regard inquiet sur les environs; mais n'apercevant rien, ils interrogèrent le Sioux du regard.

— Ils sont là-bas, dans l'herbe, c'est pour ça que je restais sur la colline; je n'aime pas ces Indiens fermiers.

— Comment se sont passées les choses, au commencement de votre fuite?

— Bien; nous avions pris une grande avance dans la prairie. Vers le soir, il y a eu des pistes derrière nous; l'oncle John était parti trop tard, les Wacoutahs suivaient nos traces.

— Ah! mon Dieu! et, ma mère, ma sœur, que disaient-elles?

— Rien; les femmes Faces-Pâles ont été courageuses, elles ont chargé les armes en se préparant au combat. L'oncle John a poussé les chevaux; le char courait très-vite. Ensuite Christian Jim a prêté l'oreille jusqu'à terre, des plaintes volaient en l'air et retombaient dans la prairie; les maisons craquaient dans les flammes. Le massacre et l'incendie étaient partout, devant, derrière, à côté, avec les Indiens.

— Diable! interrompit Halleck, la situation est donc vraiment terrible?

— Continuez, Jim! dit Brainerd impatiemment.

— Alors, l'oncle John a dit : « Nous ne sommes pas en force pour combattre un aussi grand nombre d'ennemis ; il faut que Will et Adolphe arrivent au plus tôt. »

— Et alors?... demanda Halleck.

— Alors, Christian Jim a conduit le chariot dans un fourré impénétrable ; il y a caché les femmes et le vieux guerrier. Ensuite il a effacé avec soin toutes les traces, et il a couru chercher les amis qu'on attendait.

— Mais, pourquoi ne descendiez-vous pas de la colline, au lieu d'y rester occupé à manœuvrer comme un télégraphe incompréhensible ? demanda Halleck.

— Quand Christian Jim vous a vus, il a aperçu en même temps, une bande d'Indiens à cheval qui cheminait à très-peu de distance. Pour ne pas être découvert par eux, il est resté caché derrière un arbre, tout en vous faisant des signaux capables d'attirer votre attention.

— Eh bien! nous l'avons échappé belle ! murmura Will en pâlissant. C'est une chose terrible! Un voyage ainsi côte à côte avec la mort, sans même le soupçonner! Et ces Indiens, que sont-ils devenus?

Jim, au lieu de répondre, inclina son oreille presque jusqu'à terre, et écouta pendant quelques instants avec une anxiété profonde.

— Ils partent au grand galop; entendez! dit-il en se relevant.

Les jeunes gens prêtèrent l'oreille : un bruit semblable à un tonnerre lointain parvint jusqu'à eux, accompagné d'une clameur sauvage.

— Oui, répondit Brainerd, c'est le galop de leurs chevaux : ils s'éloignent.

— Puissent-ils aller jusqu'en enfer et ne jamais revenir! soupira sentencieusement Halleck.

Personne ne répondit, la marche continua silencieusement dans la direction de l'ouest. La journée était lourde et brûlante, comme il arrive souvent au mois d'août; par cette suffocante atmosphère, hommes et chevaux étaient accablés: cependant les jeunes gens, dans leur hâte d'arriver, auraient surmené leurs montures si Christian Jim ne les eût retenus.

— La route est longue, dit-il, les chevaux tomberont.

— Mais pourtant, il nous faut joindre, à tout prix, les pauvres fugitifs, répliqua Brainerd avec une légère disposition à la mutinerie; ils peuvent avoir besoin de notre secours à chaque instant.

— Je ne le crois pas.

— Mais, au nom du ciel ! Jim, les croyez-vous en sûreté?

— Ils sont entre les mains du *Grand Père !* répondit l'Indien avec une solennité qui impressionna vivement les jeunes gens.

— Nous le savons, Jim, reprit Brainerd après un moment de silence; mais nous savons aussi que, pour mériter le secours du Tout-Puissant, nous devons, nous-mêmes, remplir nos devoirs et agir courageusement jusqu'à la dernière limite de nos forces.

— Le *Grand Père* fait ce qui lui paraît le meilleur.

— Parlez-moi d'eux... Que pensez-vous de leur situation, des chances qu'ils ont d'échapper aux poursuites des Indiens ?

— Moi, je les crois sains et saufs. On ne les verra pas s'ils restent cachés dans le bois.

— Mais le chariot avec ses roues, les sabots des chevaux, ont dû laisser des traces profondes et faciles à reconnaître. Les yeux des Hommes-Rouges sont perçants, ils aperçoivent ce qui resterait invisible pour nous.

— Leurs regards sont voilés aujourd'hui par la fumée de l'incendie ; ils voient tout couleur de sang; ils n'aperçoivent que les scalps des femmes, des babies ; ils ne regardent que le pillage. Le démon est dans leurs cœurs, ils ne savent plus ce qu'ils font.

Jusque-là l'artiste n'avait presque rien dit; mais, pour plaider la cause de ses *honorables* Indiens, il retrouva la parole :

— Vous ne pouvez, dit-il, établir aucun parallèle entre ces honteux coquins, ces affreux vagabonds et le vrai Aborigène. Le vrai guerrier Indien est chevaleresque, honorable et loyal dans la guerre, n'est-ce pas, Jim ?

Le Sioux le regarda avec des yeux étonnés,

dont l'expression indiquait qu'il n'avait pas compris son interlocuteur. L'artiste recommença une explication :

— Vos guerriers, c'est-à-dire vos vrais *Indiens*, ne sont pas semblables à ces hommes-là... ils sont meilleurs, plus sensés, plus modérés dans la guerre ?... hein ?...

— Je n'en connais point comme ça, répliqua Jim en détournant la tête.

Brainerd se mit à rire et ajouta :

— Vous aurez besoin d'un fier microscope, mon pauvre Halleck, pour découvrir les *phénomènes* que vous rêvez. Car, vous venez de vous en convaincre, ils sont invisibles à tous les yeux.

L'artiste fit une moue dédaigneuse et sardonique, indiquant que sa foi n'était nullement ébranlée, et qu'il admettait une seule chose, savoir que le nombre des vagabonds *exceptionnels* était considérable sur les frontières.

Dévoré d'inquiétude, Brainerd n'avait pu se résoudre à faire halte ; il s'était contenté de ralentir le pas ; mais, malgré cette modération à leur fatigue, les pauvres animaux continuaient de souffler et de transpirer d'une façon inquiétante.

Pour ne pas imposer toujours au même, une surcharge au-dessus de ses forces, l'Indien montait en croupe tantôt derrière Halleck, tantôt derrière Will.

Après avoir marché pendant quelques heures Jim annonça qu'on approchait et que, si aucun accident ne survenait, on aurait rejoint l'oncle John à la tombée de la nuit.

Mais, à peine eût-on fait cent pas que l'Indien poussa un grognement de déplaisir.

— Qu'y a-t-il encore ? demanda Will, derrière lequel celui-ci était en croupe à ce moment.

— Ugh ! les Indiens ! grommela Jim en indiquant le côté nord de l'horizon.

Tous les yeux se tournèrent dans cette direction : les jeunes gens aperçurent à une grande distance un tourbillon qu'on aurait pu prendre pour un troupeau d'animaux sauvages lancés à fond de train dans la prairie. Leur course impétueuse soulevait derrière elle des nuages de pous-

sière : les yeux inexpérimentés des deux hommes blancs ne virent d'abord là autre chose qu'une horde de buffles ou de sangliers nomades. Mais bientôt le télescope d'Halleck révéla des cavaliers qui caracolaient çà et là, activant la marche de ce groupe effaré.

— Des Indiens chassant les bestiaux pillés ! dit le Sioux.

— Quelle direction prennent-ils ?

— Droit sur nous.

— Alors faisons vite un écart pour nous dissimuler à leur vue ; nous courons les plus grands dangers ; ils sont bien montés, et nos chevaux sont trop épuisés pour nous tirer d'affaire.

Mais une double difficulté se présentait ; s'ils faisaient un trop grand détour, il leur devenait impossible de joindre les amis avant la nuit ; s'ils ne se cachaient pas promptement et sûrement, le danger était pire encore.

En quelques secondes l'état des choses empira de telle façon que les fugitifs n'eurent même plus le temps de délibérer. Les Indiens arrivaient sur eux, au vol, toujours chassant devant eux les bestiaux affolés de terreur. Cette espèce d'avalanche vivante n'était plus qu'à deux ou trois cents pas de distance, lorsque Jim fit signe à ses compagnons de se jeter à terre et de renverser leurs chevaux dans les grandes herbes.

Les pauvres animaux, épuisés de fatigue, comprenant peut-être aussi le danger, restèrent étendus sur le sol, sans faire aucun mouvement, à côté de leurs maîtres également immobiles et silencieux.

Il était temps ! Comme une trombe beuglante, mugissante, hurlante, bestiaux et Indiens passèrent si près, qu'un moment Brainerd se crut découvert. Mais, aveuglée par la poussière, enivrée de fureur et d'orgueil sauvage, la bande rouge passa sans rien apercevoir.

Les fugitifs les regardèrent s'éloigner, toujours cachés, l'oreille et l'œil au guet, la carabine au poing, prêts à disputer chèrement leurs vies, si le malheur voulait qu'une mêlée s'engageât.

Aussitôt qu'ils furent hors de vue, Jim donna le signal du départ, et on se remit vivement en route. Les premières ombres du soir ne tardèrent

L'oncle John luttait comme un lion. (Page 55.)

pas à arriver, et, avec elles, une brise agréable, dont la fraîcheur ranima les hommes et les chevaux ; la marche se continua plus allègrement, plus promptement : bientôt, à l'extrême limite de l'horizon bleuissant, apparut un bouquet d'arbres ; c'était le refuge où l'oncle John et sa famille attendaient anxieusement l'arrivée de leurs trois amis.

— Si une horde de ces vagabonds vient à tomber sur les traces du chariot, dit l'artiste, ils se mettront en tête de les suivre ; et alors, Dieu sait qu'il faut nous hâter.

— Cela peut arriver, répliqua Brainerd, mais c'est le cas le moins à craindre. En ce moment, il y a des fuyards dans toutes les directions, les Indiens auraient trop à faire pour suivre toutes les pistes ; ils prennent au hasard. Je crains surtout que quelque groupe ennemi ait eu l'idée fortuite de camper dans le bois et ait ainsi découvert nos amis ; je crains aussi que ces derniers aient eu la malheureuse idée de fuir.

La perspective immense de la prairie trompe comme celle de l'Océan ; plus on marchait, moins on paraissait s'approcher du petit bois : deux ou trois fois, dans son ardeur impatiente, Brainerd manifesta le désir de lancer les chevaux au triple galop ; heureusement la sage influence de Jim tempéra cette hâte imprudente qui n'aurait abouti qu'à épuiser les montures dont ils avaient si grand besoin.

Sur la route s'offraient à eux, çà et là, un spectacle navrant, des scènes effrayantes. Ici une ferme brûlée ; là des corps sanglants, criblés d'affreuses blessures ; plus loin des groupes surpris dans leur fuite, des familles entières massacrées, mais qui avaient eu le triste bonheur de rester unies dans la mort comme elles l'avaient été dans la vie : plus loin encore, les restes mutilés d'un enfant, d'une jeune fille, d'un vieillard, tombés sous l'horreur d'une mort solitaire, en un épouvantable duel avec quelque bourreau plus acharné que les autres.

Le sang bouillonnait dans les veines des jeunes gens, à de pareils spectacles : Brainerd surtout, le visage sombre, les sourcils froncés, la main crispée sur son rifle, regardait des yeux du cœur, plus loin, là-bas, où peut-être il faudrait chercher aussi dans les herbes rouges, les restes aimés de ceux qui l'attendaient pleins d'angoisse.

Jim conservait son visage de bronze, vrai masque métallique de l'Indien ; cependant à quelques ressauts des muscles de ses joues, au tremblement insaisissable de ses narines, un observateur attentif aurait pu deviner un orage intérieur et de dangereuses dispositions pour les bandits auteurs de tous ces forfaits.

Quant à l'artiste, il s'était d'abord furieusement indigné de tant d'atrocités et avait jeté feu et flammes ; mais au bout de quelques instants son caractère mobile et frivole reprenant ledessus, il s'était remis à admirer le paysage, et avait même parlé de s'arrêter un peu pour dessiner un site « délirant. » Mais une sévère rebuffade de Brainerd le ramena à des sentiments plus sérieux.

Le soleil venait de se coucher lorsque la petite cavalcade arriva auprès du petit bois où était cachée la famille Brainerd. Les jeunes gens ralentirent l'allure de leurs chevaux pour laisser à leur ami Indien le soin de reconnaître les lieux.

Mais à peine ce dernier eût-il fait quelques pas qu'il poussa une exclamation étouffée. En réponse à la muette interrogation de Will, il montra du doigt un mince filet de fumée qui surgissait précisément au milieu du bois, et s'évanouissait dans l'azur du ciel après s'être élevé tout droit dans l'air.

Cet indice, presque imperceptible, était d'un fâcheux augure ; il pouvait déceler la présence des Indiens dans le fourré où s'étaient abrités l'oncle John et les siens ; et, dans ce cas, que s'était-il passé !

Il serait impossible de définir les émotions qui bouleversèrent les deux jeunes gens à l'aspect de ce signe alarmant. Brainerd terrifié voyait déjà une scène de massacre et d'horreur ; les cheveux blancs de son père souillés de son sang, sa mère gisante sur le sol défigurée à coups de tomahawk, Maggie, Maria, massacrées aussi, ou, sort également affreux ! entraînées en captivité !

L'artiste amorça et examina son revolver en proférant de terribles menaces contre ces « vagabonds odieux qui déshonoraient la race Indienne. »

Le Sioux ne disait rien ; il aurait été difficile de savoir ce qu'il pensait, car il ne répondit point aux questions que lui adressaient les jeunes gens.

— Il faut que j'examine le bois, avant tout, leur dit-il enfin ; retirez-vous derrière ces broussailles avec vos chevaux et ne bougez qu'à la dernière extrémité.

Aussitôt l'Indien se mit à ramper dans l'herbe de façon à faire le tour du bois, et arriver ainsi inaperçu jusqu'à ce feu mystérieux dont la fumée était si lugubrante.

CHAPITRE X

UNE NUIT DANS LES BOIS

Le Sioux déploya toute la ruse et l'agilité indiennes dans cette difficile entreprise : les hautes broussailles, tout en le favorisant par leur abri protecteur, opposaient mille obstacles à sa marche qui devait rester entièrement silencieuse. Aussi, quoique la distance à parcourir fût courte, avançait-il lentement ; une heure s'écoula ainsi, et la nuit était venue entièrement lorsqu'il arriva sous la voûte sombre du bois.

Jim s'était fait aussi son opinion concernant la fumée suspecte qu'on venait d'apercevoir. Il ne pouvait admettre que ce feu eût été allumé par ses amis : la chaleur du jour en excluait la nécessité ; d'autre part, les fugitifs avaient une trop grande crainte d'attirer l'attention de leurs mortels ennemis, pour commettre une pareille imprudence; enfin, l'oncle John était trop expérimenté pour se départir ainsi des règles d'une précaution sévère.

Jim n'était donc pas sans appréhensions, et, quoiqu'il n'en laissât rien voir, il se sentait agité de sombres pressentiments.

Progressant plus silencieusement qu'une ombre, il glissait au milieu des branches sans froisser une feuille, sans déplacer un brin d'herbe; l'oreille de son plus cruel ennemi n'aurait pu l'entendre, eût-il rampé à ses pieds.

En arrivant vers le lieu où s'était cachée la famille Brainerd, il s'arrêta et écouta, concentrant toutes ses facultés pour saisir le moindre son. Mais pas une feuille ne remua; un silence de mort régnait sur toute la nature; il sembla à Jim d'un funeste augure. Par intervalles un souffle de la brise nocturne planait dans l'air, puis il expirait aussitôt.

Si quelque ennemi se trouvait dans le bois, il dissimulait bien habilement sa présence!

Après avoir avancé encore un peu, il arriva près du foyer demi-éteint. Un seul coup d'œil lui suffit pour reconnaître qu'il était abandonné depuis plusieurs heures. Soupçonnant tout à coup la terrible réalité, il se leva, marcha droit à la cachette et la trouva vide.

Sûrement, une bande d'Indiens avait découvert les fugitifs et les avait emmenés en captivité! Les traces du campement étaient visibles, les signes du départ étaient certains; tout cela s'était passé depuis quelques heures seulement.

Après avoir vérifié les lieux et s'être assuré qu'il n'y avait personne, le Sioux désolé revint dans la prairie, où il fit un signal pour appeler les deux jeunes gens.

Ceux-ci accoururent au galop.

— Où sont-ils? demanda Brainerd haletant.

— Je ne sais pas, Dieu le sait, murmura Jim avec découragement.

— O ciel! est-il possible! s'écria le jeune homme chancelant sur sa selle. Bientôt une ardeur fébrile lui monta au cerveau; il reprit:

— Où les aviez-vous laissés, Jim?

— Là-bas, droit devant nous.

— Y a-t-il des signes du passage des Indiens?

— Il fait trop noir pour suivre la piste.

— Mais, Jim, demanda l'artiste, êtes-vous sûr qu'ils aient été capturés par cette race de vagabonds?

— Je ne sais pas; je le pense.

A ce moment Will mit pied à terre.

— Qu'allez-vous faire, Will?

— Ils doivent être encore dans le bois; je vais me mettre à leur recherche.

En agissant ainsi, Brainerd pensait bien qu'il faisait une chose inutile; mais cette agitation même tempérait son désespoir.

Tous deux s'élancèrent vers le fourré avec une égale ardeur.

Jim les regardait faire avec son stoïcisme habituel, et resta immobile.

— Il ne nous faut pas marcher ensemble, observa l'artiste; divisons nos recherches; vous, Will, passez à gauche, moi à droite; dans une demi-heure, au plus tard, nous nous rejoindrons à l'autre extrémité du bois. Et vous, Jim, qu'allez-vous faire?

— Vous attendre ici.

Brainerd commença son exploration avec d'affreux battements de cœur. Chaque bête fauve fuyant devant lui, chaque oiseau s'envolant sur sa tête le faisait tressaillir; le murmure du vent lui donnait des frissons involontaires.

Il avança pourtant, avec la résolution du désespoir, et pénétra jusqu'au centre de la forêt, cherchant, regardant, écoutant avec anxiété. Mais tous ses efforts furent inutiles: il ne rencontrait que l'ombre et le silence.

Bientôt il arriva au bout de la forêt, et il put voir scintiller les étoiles à travers les derniers arbres: tout à coup il s'arrêta éperdu, palpitant; une grande forme sombre se dressait devant lui... c'était le chariot!

N'en pouvant croire ses yeux, il fit un pas en avant et posa la main sur une roue: le froid contact du fer dissipa tous ses doutes.

— Mon père! mon père! ma mère! chère mère!

êtes-vous là? demanda-t-il d'une voix frissonnante.

Aucune réponse ne se fit entendre : Will sauta convulsivement dans le char. Son front se heurta contre un objet souple qui se balançait en l'air : c'était une courroie rompue. Il n'y avait pas autre chose; plus rien, pas même les sièges.

Il chercha le timon : les chevaux n'y étaient plus. Cette froide et muette épave gardait son sinistre secret, tout en faisant pressentir une formidable catastrophe.

Glacé jusqu'au cœur, le jeune homme prit entre les mains sa tête qu'il sentait prête à éclater; des larmes brûlantes jaillirent de ses yeux. Il resta ainsi pendant quelques minutes sans trouver une pensée, sans savoir que devenir.

L'idée lui vint ensuite de retourner hâtivement auprès de Jim pour lui faire part de sa découverte. Mais il la rejeta aussitôt, et, poussé par une impatience dévorante, il continua ses recherches.

Courbé presque jusqu'à terre, il sondait chaque motte de gazon, s'attendant toujours à y trouver un cadavre. L'obscurité était si profonde qu'il cherchait davantage avec les mains qu'avec les yeux.

Il rencontra les empreintes profondes qu'avaient laissées les sabots des chevaux. Ces traces étaient profondes et avaient violemment déchiré le sol. Évidemment il y avait eu là une lutte furieuse entre les braves animaux et leurs ravisseurs. Effectivement c'étaient de nobles bêtes, pleines de race, et qui n'avaient pas dû supporter patiemment l'approche d'un étranger.

Après avoir tâtonné encore pendant quelques instants sans aucun succès, il prit dans sa poche une allumette, et l'enflamma, espérant que cette clarté auxiliaire pourrait l'aider à faire quelque autre découverte. Hélas, la petite flamme tremblottante alla se refléter sur les feuilles les plus proches, mais là se borna sa faible action; en définitive elle n'aboutit qu'à faire paraître plus épais, plus impénétrable, le cercle de ténèbres qui se resserrait autour du jeune homme.

Au moment où il laissait tomber l'imperceptible tison qui avait survécu à la brève combustion de l'allumette, Will crut entendre à peu de distance, un long et profond soupir, pareil à celui d'une créature humaine oppressée par un lourd fardeau.

Dire la terreur, le saisissement vertigineux qui s'emparèrent de lui, serait chose impossible! Mille fantômes tourbillonnèrent autour de lui, pendant que ses yeux égarés ne voyaient partout que des milliards d'étincelles. Jamais encore le pauvre enfant n'avait éprouvé d'épouvante pareille.

Cependant sa tendresse filiale le soutint dans la lutte et l'emporta sur tout autre sentiment. Il se remit à écouter avec une attention profonde, espérant que le son plaintif allait se renouveler et lui révéler la voix de quelque personne chère.

Ce fut peine perdue; et le silence continua d'être si profond, si absolu, que Brainerd en vint à se demander si son oreille n'avait pas été le jouet d'une illusion effrayante.

Néanmoins il se raidit contre le découragement et marcha dans la direction où il avait cru entendre gémir.

Quoiqu'il n'avançât qu'avec des précautions infinies, il trébucha tout à coup, et tomba rudement sur un corps mou qui s'agita sous lui. Ses mains, en cherchant à se retenir, rencontrèrent la tête d'un cheval : à côté, en était un autre. Tous deux étaient vivants et venaient d'être réveillés par le jeune homme.

— Cher père! mère chérie! parlez, si vous êtes là! s'écria Will.

— Eh! c'est donc toi, mon pauvre William? fit une voix bien connue et aimée, celle de l'oncle John; nous t'avions pris pour un de ces brigands Indiens, et nous n'osions souffler.

Alors une ombre s'approcha, puis une autre, puis une autre et une autre encore; toute la famille!

— Oh! père! balbutia Will suffoqué de joie; quelqu'un de vous est-il blessé ou malade?

Il saisit tendrement la main de son père et la serra; puis il se jeta au cou de sa mère, en pleurant de joie; Maggie, Maria furent aussi affectueusement embrassées.

— Oh! Maria! bien chère Maria! murmura-t-il ; que Dieu soit béni! je vous revois donc? N'avez-vous aucun mal, aucune blessure?

— Personne n'a à se plaindre, cher Will ; nous sommes tous sains et saufs. Et vous… et Adolphe?…

— Nous allons parfaitement : mais quelle a été notre inquiétude à votre sujet! comment donc se fait-il que vous ayez quitté votre cachette?

— Eh! répliqua l'oncle John, c'est une horde de ces damnés Indiens qui est venue camper dans ce bois ; il nous a fallu déguerpir, sans quoi nous étions découverts. Heureusement nous nous sommes dérobés avec une adresse parfaite ; les marauds n'ont pas seulement soupçonné notre présence. Où sont Halleck et Jim?

— Sur l'autre limite de la forêt ; je vais leur faire un signal.

Ces deux derniers furent bientôt arrivés, et à l'aspect de leurs amis, éprouvèrent une stupéfaction joyeuse, facile à concevoir. Il y eut encore des embrassades et des poignées de main à n'en plus finir. L'artiste éprouvait une émotion telle qu'il ne pouvait dire un mot, exalté qu'il était par la joie et la surprise.

Pendant quelques instants ce fut un pêle-mêle de questions et de réponses presque joyeuses. A la fin l'oncle John demanda des nouvelles de la ferme.

— Ah! ma foi! qu'importe! qu'importe! s'écria-t-il d'un ton ferme, en apprenant qu'elle était brûlée; nos vies sont sauves, c'est déjà beaucoup. J'ai fait deux fois ma fortune; il n'est pas trop tard pour recommencer.

— Nous ne sommes pas encore hors des bois, observa son fils : nous ferions bien de ne pas perdre un instant.

— A mon avis, il fait trop sombre pour marcher maintenant, dit M. Brainerd, nous ferons sagement de rester ici jusqu'au point du jour. Nous pourrions perdre notre route, nous égarer en pays ennemi, et lorsque le soleil nous avertirait de l'erreur, il ne serait plus temps de la réparer.

— Bast! Jim est un bon trop guide pour s'égarer ainsi, répliqua l'oncle John ; il a si souvent parcouru les bois et la prairie qu'il s'y reconnaît les yeux fermés : N'est-ce pas Jim? que dites-vous de ça?

— Il faut rester ici jusqu'à demain et retourner au chariot ; les femmes y dormiront dedans.

L'Indien avait raison. Les voyageurs et leurs chevaux avaient un pressant besoin de se reposer, car ils venaient de subir les plus rudes épreuves, et une très-longue marche leur était encore nécessaire pour se tirer entièrement hors du danger. D'autre part, ce n'était point un délai de quelques heures qui pouvait accroître les chances de danger, en augmentant d'une manière sensible le nombre des Indiens soulevés ; tout le mal qu'on pouvait craindre sur ce point étant à peu près réalisé.

On campa donc du mieux possible : les femmes dans le chariot ; les hommes, dans leurs couvertures, par terre ; et on s'endormit profondément.

Jim seul ne laissa pas le sommeil approcher de ses paupières : avec cette vigueur physique et morale qui caractérise l'Indien dans son existence aventureuse des bois, il resta debout, appuyé contre un arbre, impassible comme une statue de bronze, vigilant comme un chat sauvage, entendant tout, voyant tout dans les profondeurs de la nuit et de la forêt.

Aux premières clartés de l'aurore, tous les fugitifs furent sur pied ; l'oncle John fit la prière matinale, lut un chapitre de la Bible ; tous ensemble demandèrent « au père qui est dans les cieux » le secours tout-puissant de la Providence paternelle.

C'était un spectacle touchant de voir ces créatures affligées, exilées dans la solitude, fuyant une mort pour en affronter une autre, de voir ce guerrier sauvage, remettre leur sort aux mains miséricordieuses de Celui dont la « bonté s'étend sur toute la nature. »

Les prières terminées on songea au repas, et, quoique les vivres fussent froids, on y fit grandement honneur.

Ensuite on partit. Ce ne fut pas une médiocre difficulté de tirer le chariot du bois et de le remettre dans la bonne route : heureusement il y avait, à cette heure, deux chevaux de renfort ; l'opération fut accomplie sans trop de peine.

Une fois en bonne direction, le petit convoi s'arrêta pendant quelques minutes, pour laisser au Sioux le temps d'examiner les alentours afin de se convaincre qu'il n'y avait pas d'ennemis.

Enfin on se mit en marche dans la direction de Saint-Paul.

CHAPITRE XI

PÉRIPÉTIES

Comme il importait de ménager les chevaux dont la marche devait se prolonger jusqu'à une heure avancée de la soirée, on régla leur course à une allure modérée.

Jim avait pris place sur le siège de devant, à côté de l'oncle John qui tenait les rênes avec la calme habileté d'un vétéran du sport. Chose bizarre ! l'Indien, malgré les cahots de la voiture, se tenait debout sans chanceler, et, de ses yeux noirs toujours en mouvement, fouillait au loin les environs.

Halleck avait pris place sur le second rang, avec Maggie : depuis leur réunion il avait manifesté une préférence marquée pour la société de sa douce et sympathique cousine. Celle-ci paraissait encore plus grave et plus pensive que de coutume : les dangers que sa famille traversait, les horreurs de cette guerre sauvage, les regrets du passé, les craintes de l'avenir avaient imprimé à cette âme impressionnable une teinte ineffaçable de tristesse mélancolique.

Du reste, tous les visages étaient mornes et préoccupés : si, par intervalles, une joyeuse saillie de l'oncle John, un éclat de rire argentin de Maria rompaient le lourd silence, c'étaient comme des éclairs passant et s'éteignant aussitôt dans un ciel sombre.

Pendant que Maria et Will babillaient de leur côté, Halleck poursuivait la conversation avec Maggie.

— Quelle est maintenant votre opinion sur les Indiens du Minnesota en général ? demanda la jeune fille en tournant vers l'artiste ses doux yeux noirs.

— Je pense à tout hasard, qu'il y a parmi eux un étrange ramassis de vauriens, de vagabonds, de bandits !...

— Enfin, croyez-vous que la majorité soit bonne ou mauvaise ?

— Je ne saurais trop... pour parler il faut connaître... répondit Adolphe avec un sourire embarrassé.

— Vous êtes désillusionné, je le vois, et revenu un peu de vos poétiques théories sur cette race barbare. Voyons, soyez franc, dites votre pensée telle qu'elle est.

— Ma franchise est indubitable, chère Maggie ; aussi je vous dirai que je ne désespère point d'y trouver quelque noble type.

— Votre admiration pour le caractère Indien a quelque chose de surprenant, reprit la jeune fille avec une énergie qui la surprit elle-même ; mais irait-elle jusqu'à vous dévouer pour l'instruction de ces peuplades perdues dans la solitude ? Irait-elle jusqu'à vous faire oublier le confort, les délices de la civilisation, pour aller vivre au milieu d'elles, afin de les évangéliser ?

— Mon opinion est que j'aurais d'abord moi-même besoin de quelques sermons, répliqua l'artiste en riant.

— N'avez-vous pas quelque autre pensée plus réellement sérieuse ? reprit Maggie. Pardonnez-moi d'amener la conversation sur un sujet pareil ; je suis franche au point de ne pouvoir garder aucune secrète pensée. Nous sommes sur le bord d'un précipice, celui de la mort ; nous pouvons y tomber à chaque instant ; il est raisonnable d'être prêts..., de songer à ce grand voyage de l'Éternité.

— Assurément, Maggie, vous seriez la digne femme d'un missionnaire, vous êtes déjà une sainte, je l'affirme.

La jeune fille allait répliquer, lorsqu'une exclamation de Jim attira l'attention de tout le monde.

Toujours debout, l'Indien paraissait regarder avec attention un objet qui avait attiré ses yeux.

— Eh bien ! qu'est-ce qu'il y a ! demanda l'oncle John.

— Une ferme là-bas ! répliqua le Sioux.

Effectivement, par dessus les cimes des arbres

se montrait un grand toit allongé dont l'aspect fut d'agréable augure pour les voyageurs. La soirée s'avançait, la fatigue de la journée avait été accablante; c'était une perspective attrayante que de pouvoir se reposer une heure ou deux sous un toit hospitalier.

Ce *settlement* avait une apparence confortable: les bâtiments, de construction moderne, entourés de vastes dépendances, étaient construits près d'un cours d'eau considérable.

Néanmoins, malgré cet extérieur satisfaisant, Will surprit dans le regard de Jim une expression particulière empreinte d'une certaine inquiétude. Il semblait trouver que tout n'y était pas pour le mieux.

Lorsqu'on fut arrivé à une centaine de pas, après avoir bien examiné les lieux, il demanda qu'on fît halte.

Comme chacun l'interrogeait des yeux, il répondit:

— Où sont les gens?

En effet, partout, en ce lieu, régnaient un silence, une immobilité, une absence de vie, qui n'avaient rien de naturel. La porte d'entrée était grande ouverte, semblable à une vaste plaie béante; personne n'entrait ni ne sortait; on n'entendait pas un souffle à l'intérieur, pas de mugissements de bestiaux, rien...

— C'est drôle, tout ça! fit l'oncle John après avoir promené en tous sens ses yeux inquisiteurs; les fermiers se seraient-ils tous endormis après souper?...

— Les Indiens ont passé par là, dit le Sioux en secouant la tête; voyons donc, ajouta-t-il en sautant à terre et en courant vers la maison.

Will et Halleck le suivirent de près: un spectacle horrible les attendait à l'intérieur.

Au milieu de la première pièce gisait, sanglant et froid, le cadavre d'un homme d'un certain âge, le père de famille, sans doute. Plus loin était étendu celui d'une femme, littéralement haché de blessures affreuses. Entre ses bras crispés était serré un petit enfant raide et glacé; derrière, dans les cendres du foyer, apparaissaient des débris humains qu'on pouvait reconnaître comme étant ceux d'un enfant.

Les Indiens avaient laissé là l'empreinte sanglante de leur passage. Il avait dû y avoir une terrible lutte: tous les meubles étaient bouleversés, brisés, maculés de sang. Le père avait vendu chèrement sa vie et celles de sa famille; dans ses mains raidies étaient serrées des poignées de cheveux noirs et brillants, arrachés aux têtes de ses sauvages adversaires. Mais dans cette lutte épouvantable, le nombre des assaillants l'avait emporté, le settler avait été écrasé avec tous les siens.

— Comment se fait-il qu'ils n'ont pas brûlé la maison? demanda l'artiste qui, le premier, avait repris son incroyable sang-froid et dessinait à la hâte toutes ces scènes effrayantes.

— Trop pressés, n'ont pas eu le temps, avaient peur des soldats, répondit laconiquement le Sioux.

— Est-ce qu'il y a des troupes dans le voisinage? demanda avec empressement le jeune Brainerd.

— Je ne sais pas, peux pas dire, c'est possible.

— En tout cas, voilà une triste affaire, reprit Halleck, et suivant moi, si ces vagabonds...

Une fusillade soudaine l'interrompit brusquement. Jim bondit, rapide comme l'éclair; les deux jeunes gens le suivirent.

Ils aperçurent le chariot entouré d'un groupe d'Indiens. Les deux chevaux avaient été tués raides. L'oncle John luttait comme un lion. Maria, Maggie, mistress Brainerd étaient aux mains des Sauvages qui les tiraient brutalement sur leurs chevaux.

L'oncle John, debout sur l'avant du chariot, faisait tourbillonner avec une force irrésistible, une barre de chêne arrachée au siège de la voiture; plus d'une tête Indienne fut brisée par ce terrible moulinet. Mais un coup de tomahawk l'atteignit traîtreusement par derrière; il tomba en jetant un grand cri: au même instant, son meurtrier eut le crâne troué par une balle que lançait l'infaillible carabine de Jim.

En voyant tomber le vieux Brainerd, les Indiens firent un mouvement pour se jeter sur lui et l'achever par terre; mais le coup de feu tiré par

Jim leur donna à réfléchir, ils reculèrent de quelque pas et regardèrent de tous côtés afin de découvrir ces adversaires imprévus.

Les deux jeunes gens voulurent s'élancer au secours de leur famille: le Sioux, sombre et les sourcils froncés, leur barra rudement le passage.

— Ici! restez! grands fous! Eux vous tuer, vous scalper, comme rien!

— Allons donc! répliqua Will; resterons-nous là, à voir massacrer nos amis?

— Restez! mauvais sortir de la maison, feu par les fenêtres!

Joignant l'exemple aux paroles, l'Indien arma sa carabine, visa un Sauvage prêt à poignarder 'oncle John, et l'abattit. Les jeunes gens l'imitèrent, et mettant le fusil à l'épaule, épièrent le moment favorable pour faire feu.

Les Sauvages ne s'attendaient nullement à ce qu'il y eût des êtres vivants dans la ferme: ils laissèrent les femmes aux mains de ceux qui les avaient saisies, et s'avancèrent avec précaution contre les bâtiments.

Les trois Indiens, chargés des captives, prirent leur course dans la direction du nord-est.

Lorsque le groupe de ceux qui restaient fut à proximité, Jim et ses deux compagnons firent feu. Ces détonations reçues presque à bout portant eurent un résultat prodigieux, les assaillants firent halte, pleins d'hésitation.

Malheureusement la balle de Jim avait seule touché le but; l'agitation exaltée des jeunes gens leur avait fait manquer leur coup. Cependant les Sauvages, intimidés par cette chaude réception, craignant sans doute de rencontrer un nombre considérable de combattants, se retirèrent à l'écart, et peu à peu se rabattirent dans la direction prise par le reste de leur bande.

— Chargeons vite! murmura Jim, ils vont vers le wagon tuer oncle John.

Effectivement, deux bandits rouges s'étaient détachés du gros de la troupe, et se rapprochaient du chariot. L'œil perçant de Jim les surveillait comme celui de l'aigle guettant sa proie.

Au moment où ils passèrent près du char, celui qui marchait le dernier lança violemment son tomahawk contre John toujours étendu sans mouvement. Par bonheur, le cheval du Sauvage broncha au même instant; la direction du coup fut dérangée, et le vieux settler ne fut pas atteint. Cette circonstance sauva la vie à l'Indien que Jim tenait au bout de son fusil, mais sur lequel il ne voulut pas gaspiller inutilement ses munitions.

Les trois Indiens partis les premiers avec leurs captives avaient ralenti leur marche pour attendre les autres: lorsque ceux-ci les eurent rejoints, toute la bande s'élança ventre à terre dans la direction du nord-est; au bout de quelques secondes elle avait disparu dans les profondeurs des bois, et le plus profond silence régna dans cette solitude désolée.

S'il avait été possible à l'artiste de reproduire sur la toile le tableau qu'il offrait lui-même avec ses deux compagnons, il aurait certainement réalisé une œuvre capable, plus que toutes les autres, de le rendre illustre.

Le Sioux sombre, silencieux, le front pensif et menaçant, suivait du regard les ombres lointaines et fugitives des Indiens ravisseurs.

Will, pâle, abattu, les yeux voilés, regardait aussi cette route par laquelle venait de disparaître ce qu'il chérissait le plus au monde.

Halleck, l'air égaré, les yeux errants au hasard, paraissait perdu dans les idées les plus complexes: on aurait dit un homme cherchant sa route par une nuit obscure.

Tous trois avaient oublié le vieux John Brainerd: ils revinrent au sentiment de la réalité en le voyant se relever et accourir vers eux.

— Vous n'êtes donc pas blessé, père? s'écria Will en s'élançant au-devant de lui.

— Pas le moins du monde! étourdi seulement. Mais, ô mon Dieu! que vont-elles devenir aux mains de ces bandits?

— Hélas! qui peut le dire? murmura le jeune homme avec un sanglot.

— Vos chevaux, où sont-ils? Les miens sont tués. Ne pourrions-nous pas poursuivre cette canaille? Qu'en dites-vous, Jim?

Le Sioux secoua tristement la tête:

— Impossible de les atteindre, dit-il; nous ne

La lame brillante du couteau disparut jusqu'au manche dans le cou de Maggie. (Page 64.)

réussirons qu'à nous faire tuer ou à faire tuer les prisonnières.

— Miséricorde du ciel ! mais voyez donc ces scènes d'horreur qui nous entourent ! N'est-ce pas là un menaçant augure ? Plus de ressources, mon Dieu ! plus de ressources !

Le visage bronzé du vieillard s'abaissa convulsivement dans ses mains, et des larmes brûlantes jaillirent au travers de ses doigts. Un silence douloureux régna pendant quelques instants au milieu de ce groupe désolé.

Le bras de Christian Jim s'étendit doucement vers lui et se reposa sur son épaule :

— Mon frère n'est pas sans espoir ! lui dit-il de cette voix douce et harmonieuse qui étonne quiconque n'a pas vécu parmi les Indiens.

John leva la tête et le regarda ;

— Que mon frère parle au *Père* qui est dans les Terres-Heureuses ; son oreille entend toujours la voix qui pleure ; sa main est toujours ouverte pour soutenir celui qui est affligé.

— Vous avez raison, Jim, répondit le vieillard en raffermissant sa voix ; vous me rappelez à mon devoir de chrétien... Il est vrai, le Seigneur est désormais notre unique appui, notre suprême espérance...

Tous tombèrent à genoux, et prièrent ardemment au travers de leurs larmes.

CHAPITRE XII

AMIS ET ENNEMIS

Les dernières paroles de prière montaient encore vers le ciel, lorsque le galop de plusieurs chevaux so fit enten:re dans le loin'ain : il approcha successivement, devint plus distinct; bientôt une voix brève et retentissante cria : « Halte ! »

En s'avançant de quelques pas, les quatre fugitifs aperçurent un peloton de cavalerie et son officier, portant l'uniforme des États-Unis.

— Holà, hé ! par là ! dit l'officier ; quelles nouvelles ?

En même temps, il mit pied à terre et s'approcha de la ferme.

C'était un homme de six pieds, gros à proportion de sa taille, coiffé d'une *cape* ronde de chasse, ayant pistolets à la ceinture, carabine en bandoulière, révolver suspendu à la boutonnière, sabre à la main. Son visage, allongé démesurément par une barbe pointue descendant sur sa poitrine comme un fer de lance, son visage, disons-nous, était illuminé par deux yeux d'un bleu clair fulgurant ; un nez prodigieux en bec d'épervier, des sourcils noirs, de longs cheveux roux, un teint bronzé, composaient à cet être extraordinaire le physique le plus étrange qu'on puisse rêver.

Quel type pour Halleck !... s'il eut eu le cœur à dessiner !

Le nouveau venu entama la conversation avec une mémorable loquacité :

— Avez-vous quelque notion d'un *lot* de Diables peints qui doivent rôder par ici ? Ah ! ah ! ils ont laissé dans ce lieu l'empreinte de leurs satanées griffes ! Hello ! ouf ! ils ont fait du bel ouvrage ! Ah ! je vois que vous avez fait un prisonnier ! Vous le savez, la consigne est de ne faire aucun quartier à cette vermine : vous allez voir.

Will n'eut que le temps de relever le révolver auquel l'officier avait expéditivement recours : la balle siffla sur la tête de Jim qui n'avait pas daigné faire un mouvement.

— Eh bien ! qu'y a-t-il donc, jeune cadet ? demanda l'autre avec un air surpris : pas de sensiblerie, jeune homme ! pas de sensiblerie ! c'est mal porté !... vous allez voir.

Il coucha de nouveau l'Indien en joue.

— Ne touchez pas à un seul cheveu de sa tête !

s'écria le jeune homme ; c'est notre meilleur ami !

— Tiens ! tiens ! tiens ! Je ne dis pas le contraire. Enchanté de faire sa connaissance !... Vous avez parlé à temps, jeune homme : un quart de seconde plus tard, il n'aurait plus été temps de sauver sa peinture. Je m'y connais..... vous auriez vu ! Quel est ce gaillard-là ?

— Christian Jim, un Indien Sioux qui nous a rendu les meilleurs et les plus fidèles services dans ces temps de trouble.

— Très-bien. Je ne dis pas le contraire. Mais, jeune homme, vous n'avez pas répondu à ma première question. Avez-vous quelque notion d'un *lot* de Peaux-Rouges, en campagne par ici ? Répondez-moi, je vous le demande positivement.

— Je suis prêt à parler, mais lorsque vous m'en laisserez le temps, répliqua Will.

Aussitôt il s'empressa de lui raconter tous les événements déjà connus du lecteur.

L'officier écouta le récit avec un calme imperturbable ; rien ne semblait capable de l'étonner. En temps utile il se coupa une énorme chique et en offrit une pareille à Jim. Puis il s'occupa d'épousseter la poussière qui couvrait ses grandes bottes. Enfin il rechargea son révolver et promena méthodiquement un cure-dent entre ses incisives et ses molaires qui rappelaient celles d'une bête fauve.

Lorsque le jeune Brainerd eut fini sa narration, l'officier reprit :

— Tout ça, c'est une rude affaire de sport... une rude affaire ! A la dernière campagne j'ai eu un cheval tué sous moi ; oui, Monsieur, tué comme un lapin par un grand drôle peint en vert. Celui-là, je l'ai embroché en tierce. Un autre cheval fourbu, et un autre, couronné des deux genoux. Ah ! c'était trop fort ; mais je vous le dis...

Il y eut un instant de silence pendant lequel l'honorable gentleman lissa sa formidable moustache avec le bout de sa langue et la tortilla fort agréablement en croc avec le pouce et l'index ; puis, il renouvela sa chique et continua :

— Je suis, moi, un vétéran de la *guerilla*, voyez-vous. Il n'y a pas un coin du Minnesota où je n'aie tué net ma demi-douzaine de Peaux-Rouges. Le tout est de savoir s'y prendre : je vous en avertis. D'abord…;

A ce moment il fut interrompu par l'oncle John qui lui dit :

— Sir, ne pensez-vous pas qu'il y ait urgence de nous mettre en chasse ? Ces bandits auront le temps de s'éloigner tellement qu'il deviendra impossible de retrouver leur piste, si nous nous laissons gagner par la nuit.

— Mon ancien, répliqua le commandant, je partage votre avis et je l'exécuterai en temps utile. Mais…. mais !… il faut de la méthode ! en tout, Sir, il en faut ! A ce sujet, souffrez que je vous dise ;… les Indiens sont des brutes, des bêtes fauves dont on ne fera jamais rien…. Savez-vous pourquoi ?… Parce qu'ils n'ont pas de méthode ; oui, Sir, parce qu'ils n'en ont pas. J'irai même plus loin, et je dirai qu'ils seraient de bons soldats, s'ils avaient de la méthode. Il me sera facile de vous démontrer cela par une simple histoire : vous allez voir.

— Sir, reprit douloureusement le vieux Brainerd ; ma femme, ma fille, ma nièce souffrent peut-être en ce moment mille morts… hâtons-nous, je vous en supplie.

— Du calme, honorable Settler, du calme ! quel est votre nom ?

— Brainerd, sir ; ou, si vous aimez mieux, l'oncle John Brainerd.

— Très-bien, sir ; votre nom était arrivé jusqu'à moi, comme celui d'un intrépide chasseur d'ours grizzly. Vous avez mon estime.

— Alors, nous pouvons faire nos préparatifs ?…

L'officier lança obliquement un long jet noirâtre provenant de sa chique, regarda le soleil et dit :

— Oui, nous allons essayer une chasse en règle, destinée à rendre la liberté à vos dames. Honneur au beau sexe ! Mes hommes ne sont pas des conscrits, la chose ne traînera pas en longueur avec eux. Je désire avoir un renseignement préalable : est-ce que cet Apollon cuivré ne pourra pas nous être de quelque utilité ?

Jim ne sourcilla point jusqu'à ce qu'on l'eût interpellé directement.

— Je ne sais pas, répondit-il.

— Je ne sais pas !… ne sais pas !… répéta impatiemment le capitaine : ils font tous la même réponse, ces sournois-là ! Une fois, je faisais de la guerilla en Virginie ; nous avions besoin d'un guide au milieu de ces régions diaboliques, j'avisai un *Nez-Coupé* que m'avaient recommandé les missionnaires ; il commença par répondre à toutes mes questions : « Je ne sais pas… je ne sais pas… » Tout comme celui-ci ! Eh bien, sir, je n'ai jamais vu de renard plus fûté que ce garçon-là ; à lui seul il me dépista un demi-cent de Peaux-Rouges que nous tuâmes fort proprement dans l'espace de deux matinées. C'est ce qui arrivera aujourd'hui, n'est-ce pas Jim ? Il me plaît vraiment, je vous le dis. J'aime ces coquins silencieux. Maintenant, attention ! il faut filer vivement. Avez-vous des chevaux ?

— Il ne nous en reste que deux, répliqua Will ; ceux du chariot ont été tués.

— Eh ! qu'importe ? deux de perdus, trois de retrouvés : regardez là-bas.

Parlant ainsi, l'officier leur montra, rôdant dans les environs, les chevaux des Indiens abattus par la carabine de Jim.

Ce dernier, avec l'aide de Will, se fut bientôt emparé de deux de ces animaux ; la petite troupe se trouvait donc parfaitement montée : on se mit en marche sans tarder.

Tout en cheminant au petit galop de chasse, l'infatigable commandant reprit la conversation.

— Vous allez voir, gentlemen ; cette vermine sauvage peut être fort loin de nous ; elle peut aussi être fort près. Les coquins ne se doutent pas de ma présence par ici ; ils n'ont eu aucune raison pour se presser ; au contraire, je pencherais à croire qu'il leur sera venu en idée de se blottir dans quelque coin, pour se reposer d'abord, et vous tendre une embuscade ensuite : car tout doit leur faire présumer que vous tenterez de les poursuivre. Ils savent les Settlers si stupides… pardon, je voulais dire : si inexpérimentés en matière de stratégie !… Enfin, à tort ou à raison je pense ainsi : que dit Master Jim ?

— Je pense comme le capitaine ! répondit le Sioux qui connaissait l'officier de longue date, et qui trouvait fort satisfaisante l'attention qu'avait eue celui-ci de lui offrir une superbe chique.

— Très-bien, Peau-Rouge mon ami. Dans quelques minutes nous allons voir un peu le *dessous des cartes*, comme disent les Settlers Franco-Canadiens. Quand nous serons au sommet de cette colline, tout un panorama de prairies s'étalera sous nos yeux.

On galopa pendant près d'un quart d'heure en silence ; après quoi on arriva au sommet d'une éminence boisée qui dominait deux plaines fort étendues.

Dans le lointain, sur le bord d'une forêt épaisse, circulait un cours d'eau important : à gauche, s'élevaient à perte de vue des côteaux boisés dont les élévations progressives aboutissaient à des montagnes bleues qui se confondaient avec l'horizon ; au pied du mamelon occupé par la petite caravane serpentait une espèce de clairière allongée et tortueuse, toute bordée d'arbres qui la recouvraient en partie ; cette avenue naturelle se prolongeait jusqu'à un gros bouquet de sapins dont l'issue devait donner immédiatement sur la rivière.

— Mes enfants ! dit le commandant, ralentissons un peu notre allure ; vous savez l'axiome du parfait cavalier : *En plaine au trot, à la montée au galop, à la descente au pas !* D'ailleurs, il ne faut pas nous conduire comme des hannetons d'avril qui n'ont jamais rien vu : notre affaire, maintenant, c'est de dépister ces *rascals* sans être dépistés par eux. Or donc, pour arriver à cet intéressant résultat, nous devons nous remiser sous un abri convenable, pendant que Master Jim ira en éclaireur flairer ce que contient le gros bouquet de pins, là-bas. C'est drôle, j'ai comme un avant-goût d'*Injuns !*

Le capitaine appuya en riant sur cette façon d'articuler le mot *Indien* à la mode sauvage ; en même temps il regarda Jim d'un air si facétieux, en imitant la pose d'un chef *Corbeau* bien connu, que Jim faillit sourire et partit aussitôt en rampant sous les broussailles

Pour charmer les ennuis de l'attente, l'officier, après avoir rangé son petit escadron dans une aile de forêt qui finissait en pointe du côté de la clairière, renouvela copieusement sa chique ;

après quoi il passa en revue ses trois nouveaux amis.

— Le major Hachtincson, commandant le 3e escadron du 6e régiment de cavalerie légère, Minnesota's division, dit-il en saluant tour-à-tour Brainerd père, Will et Halleck ; excusez-moi, gentleman, si je me présente moi-même, le manque absolu de société convenable dans ce désert m'y oblige.

— Will Brainerd mon fils, sir répondit John ; Adolphus Halleck mon neveu, un *Sketcher* (dessinateur) distingué qui a fait, en artiste, quelques campagnes de la guerre de cinq ans.

On s'entre salua avec tout le décorum convenable ; les présentations étaient faites régulièrement, on pouvait causer.

Le major s'adressa sur-le-champ à l'artiste.

— Sir Halleck, vous avez beaucoup *pratiqué* le champ de bataille ? lui demanda-t-il d'un ton qui no dissimulait point une légère ironie.

Adolphe rougit un peu, malgré son sang-froid habituel :

— Fort peu, major, le troisième coup de fusil tiré à la bataille de Bull-run m'a écorné le bout d'une oreille ; ma foi, comme je n'avais pas précisément une vocation militaire transcendante, j'ai renoncé aux travaux de guerre...

— Et maintenant, mon cousin fait des études sauvages... ajouta malicieusement Will Brainerd : Voici une belle occasion, mon cher Adolphe, de vous renseigner sur les *vrais Indiens*, poursuivit-il avec un léger sourire ; le major doit s'y connaître, lui !

Halleck eut un moment d'embarras et d'hésitation, sous les regards moqueurs qui se fixaient sur lui : cependant il reprit bonne contenance et demanda à l'officier :

— Certainement, je serais fort aise d'être fixé sur le compte de cette race d'hommes étranges, peu connus, diversement appréciés, que les uns représentent comme nobles et chevaleresques, les autres...

— Peu connus !... diversement appréciés !... Chevaleresques !... interrompit l'officier avec un éclat de rire strident ; écoutez, sir, un homme qui a vécu trente ans dans ce *monde là*, et que vous pouvez croire sur parole, je vous le garantis. Voici la photographie morale et physique du *vrai Sauvage :* tous les instincts réunis du chat, de la hyène, du tigre, du vautour, et généralement des carnassiers de bas étage ; tous les vices agglomérés des populations civilisées, des hordes barbares, des bandits hors la loi ; un amalgame de la bête fauve et du scélérat sans conscience. Voilà pour le côté moral.., que j'adoucis passablement. La force, la souplesse, l'agilité, la vigueur indomptable, supérieures à celles du singe, de la panthère, du cerf, de l'aigle et de tous les animaux les plus surprenants ; une finesse de sens inouïe ; une adresse phénoménale à tous les exercices physiques ; un corps de diamant, de bronze, d'acier, de caoutchouc; le diable au corps et mille fois plus. Voilà pour le côté physique. Total, des monstres infernaux à figure humaine et qui réalisent l'impossible, l'inimaginable, surtout au point de vue du crime et de la méchanceté.

— Le portrait ne me semble guères flatté, murmura Halleck avec un rire forcé.

— Peuh ! J'en dis peut être encore plus de bien qu'ils n'en méritent. Et je vais vous étonner... Ces êtres-là, si, par hasard, le bon esprit du Christianisme réussit à s'introduire en eux, ces êtres-là deviennent des sujets d'élite, de nobles et dignes créatures valant beaucoup mieux que nous tous hommes civilisés.

— Mais alors ! interrompit Halleck d'un ton triomphant.

— Doucement, jeune homme ! *Distinguo...* comme nous disions au collège. Le Sauvage christianisé...

— Eh bien ?

— Ce n'est plus un Sauvage ! puisqu'il n'est plus mauvais.

Halleck se mordit les lèvres, en se souvenant que Maggie lui avait fait exactement la même réponse.

L'officier reprit:

— Tandis que le sauvage le vrai sauvage... le sauvage pur...

— Eh bien ?

— C'est un méprisable et haïssable et redoutable monstre. *Ergo !* ma démonstration est faite. Attention ! continua l'officier en changeant de ton, voilà Jim qui nous fait un signe, là-bas.

La petite troupe se porta avec précaution vers le Sioux qui les attendait :

— Eh bien ! quelles nouvelles ? demanda l'officier à voix si basse qu'à peine l'Indien pût l'entendre.

— Rien, répondit celui-ci ; je vais voir, attendez-là.

Il poursuivit sa marche silencieuse et invisible: au bout d'une demi-heure on le vit surgir de broussailles à une assez grande distance, et faire des signaux pour que la cavalerie avançât avec les plus méticuleuses précautions.

Lorsqu'on l'eût rejoint :

— Une piste ! fit-il d'une voix semblable à un souffle, en montrant quelques vestiges à peine visibles sur l'herbe. Attendez.

Cette fois, Jim repartit avec une prudence extraordinaire, et une ardeur contenue qui étincelait dans ses yeux noirs : il sentait sa proie !

Une heure s'écoula aussi dans une anxieuse attente : le major commença à perdre patience et à s'inquiéter.

— Ah çà ! votre homme ne reparaît plus, dit-il à l'oreille de Brainerd ; qu'est-ce que cela veut dire? Nous trahirait-il comme un vilain ?

— Oh non ! il en est incapable, répliqua le Settler.

— Eh bien ! alors, on nous l'a pris ou tué dans quelque coin.

— Ah ! mon Dieu ! il ne nous manquerait plus que ce nouveau malheur !

— Non... non ! fit le major en étendant doucement son doigt vers la prairie ; voyez-vous dans ce creux, l'herbe qui remue contre la direction du vent... et puis cette tête noire qui se soulève un peu pour nous regarder... cette main qui se montre avec précaution et nous fait un petit signe. Très-bien ! il nous indique un autre bouquet d'arbres auquel il pourra arriver sans être vu de la rivière ;... il nous recommande de marcher doucement, doucement, sans faire de bruit, de nous bien dissimuler le long des grandes broussailles. C'est compris! ajouta le major en répondant par un petit signe de tête; allons, enfants! et de la prudence!

On se glissa, avec une adresse et des précautions incomparables jusqu'au point indiqué : là on trouva Jim qui attendait avec un visage préoccupé.

— Pas de bruit, dit-il, ils sont là! S'ils nous entendent, ils tueront les femmes.

On se groupa dans un recoin de la forêt et on tint conseil. Le soleil était sur le point de quitter l'horizon; il importait d'avoir une solution avant la nuit.

Le major se frottait les mains, au comble de la jubilation.

— Il faut que ça chauffe tout de suite! dit-il; comme nous allons brûler tous ces gredins-là! Vous autres, continua-t-il en s'adressant à ses hommes, ayez l'œil au guet, le doigt sur la détente, et visez juste; chaque coup de feu doit abattre son Sauvage.

Brainerd, son fils et Halleck ne pouvaient parler, tant était terrible leur émotion. Ils apprêtèrent convulsivement leurs armes.

— Marchons, dit Jim.

La moitié des cavaliers mit pied à terre : tout le monde se mit à ramper dans le bois, suivant la direction indiquée par le Sioux.

L'arrivée des poursuivants fut tellement silencieuse, et les Indiens s'attendaient si peu à être poursuivis, qu'ils furent surpris à cinquante pas de distance, au moment où ils étaient occupés à harnacher leurs chevaux pour le départ. Ainsi, tout le désavantage était de leur côté.

— Feu! et chargez ensuite! cria le major d'une voix tonnante.

Un tourbillon de fumée et de flammes remplit la clairière; des hurlements de mort répondirent aux détonations; quatre Indiens seulement restèrent debout : tous les autres se tordaient sur l'herbe dans les convulsions de l'agonie.

Les trois femmes tremblantes accoururent éperdues vers leurs libérateurs. Maggie se trouvait la plus proche d'Halleck : il s'élança vers elle.

Au même instant, un des Indiens survivants bondit sur la jeune fille, le couteau à la main, et la saisit par les cheveux.

— Veux-tu la lâcher! démon maudit! hurla l'artiste en armant son révolver et en faisant feu.

La première balle imprima dans la poitrine du Sauvage un point noir, d'où jaillit aussitôt un mince filet de sang. Le bandit chancela en grinçant des dents, mais sans abandonner sa victime; sa main levée s'abaissa sur la tête courbée de la malheureuse enfant, la lame brillante du couteau disparut jusqu'au manche dans le cou frêle et délicat qui fut à moitié tranché. Ensuite, avec un cri insultant et sinistre, le monstre tomba à la renverse criblé de balles qu'Adolphe lui avait envoyées désespérément.

Le corps inanimé de la jeune fille s'affaissa sur le sol sanglant, comme la tige d'une fleur atteinte par la faux : Halleck n'arriva même pas à temps pour la recevoir dans ses bras. Il s'agenouilla avec désespoir auprès d'elle, les yeux noyés de larmes brûlantes, et releva avec un soin pieux cette douce figure dont les traits pâles avaient conservé jusque dans la mort leur expression résignée et angélique.

Cette horrible scène s'était accomplie avec la rapidité de l'éclair, comme un coup de foudre, sans que personne eût pu faire un mouvement pour la prévenir. Mistress Brainerd et Maria étaient aussitôt accourues haletantes et désespérées, mais, tout était fini, l'ange avait quitté son enveloppe d'argile pour remonter au ciel.

Brisés de douleur, les malheureux parents de la jeune victime s'étaient jetés à genoux autour d'elle, essayant de lui prodiguer des soins..... hélas! désormais inutiles. Chacun d'eux déposa sur son front blanc et pur un long et douloureux baiser. En se relevant, Mistress Brainerd aperçut Halleck, agonisant de désespoir, et dont les yeux restaient fixés sur la morte chérie : la bonne mère comprit tout ce que renfermait cette angoisse comprimée; elle fit un signe au jeune homme, en lui disant :

— Donnez-lui aussi un dernier baiser.

Le pauvre Adolphe s'inclina sanglottant, éperdu, et posa ses lèvres sur la joue froide de celui qu'il aimait tant, dans le silence de son âme.

Puis il retomba à genoux et demeura immobile, priant, pleurant, suppliant le ciel de lui envoyer aussi la mort.

Pendant ce temps, les Indiens avaient été foudroyés par une dernière décharge et le major Hachtincson avait pris le soin personnel de s'assurer, le sabre à la main, que chacun d'eux était bien mort et ne jouait pas au cadavre.

Cette clairière était sinistre avec ses herbes ensanglantées, noircies par la poudre, écrasées par les corps inanimés mais toujours farouches des Sauvages.

Dans un coin reculé, la famille Brainerd pleurait et priait autour de celle qui avait été Maggie.

Au milieu du champ de bataille, le major vainqueur essuyait lentement son épée : lorsque son regard se portait vers ce dernier groupe, ses sourcils se fronçaient, ses yeux clairs lançaient des flammes :

— Pauvre douce enfant ! grommelait-il ; ah ! canailles ! ah ! gredins ! ah ! race infernale ! on n'en tuera jamais assez !

ÉPILOGUE

Trois jours après les événements qu'on vient de retracer, la petite caravane arrivait en vue du territoire de Saint-Paul.

Le major Hachtincson, qui avait escorté jusque-là la famille Brainerd, pour la protéger contre de nouveaux malheurs, fit faire halte à sa troupe et se prépara à prendre congé de ses nouveaux amis.

— Que Dieu vous garde ! sir, et vous rende plus heureux à l'avenir, dit-il à Brainerd, en lui serrant la main : Je vous quitte pour rentrer dans le désert où m'appelle la chasse Indienne. Vous pouvez compter qu'elle sera vengée plus d'une fois...

— Pas bon ! venger : prier, meilleur, interrompit Jim, qui, pour la première fois peut-être, se mêlait à la conversation sans avoir été interpellé.

Le major le regarda pendant quelques minutes avec un sérieux incroyable : puis il secoua la tête

d'une façon dubitative, et reprit en style Indien :

— Jim avoir raison peut-être... sang pour sang, mauvais !

Et il tortilla pendant quelques instants sa longue moustache en réfléchissant ; ensuite il dit avec explosion :

— Ah ! pourtant, on ne peut soutenir le contraire ; un assassin doit mourir ! autant il m'en tombera sous la main, autant j'en tuerai !

— Se défendre, bon ! répliqua Jim ; attaquer, mauvais !

— Ces diables d'Indiens parlent peu, observa le major en souriant, mais ils parlent bien... Adieu, mes amis, que Dieu vous garde !

Bientôt la solitude reprit son silencieux empire ; les Brainerd avaient disparu dans la direction du Nord, les cavaliers dans celle du Midi ; toute trace humaine s'était évanouie au milieu du désert.

Une semaine après l'arrivée des pauvres fugitifs dans la ville de Saint-Paul, M. Brainerd reçut une lettre portant la suscription suivante :

A mistress Brainerd, pour remettre à miss Maria Allondale.

La bonne dame se hâta de la présenter à Maria, qui, à peine remise de tant de secousses, était encore au lit.

— Oh mon Dieu ! s'écria la jeune fille en regardant l'adresse, qu'y a-t-il encore ? Il me semble que voilà l'écriture d'Adolphe Halleck.

Et, brisant le cachet d'une main tremblante, elle lut :

« Chère Maria, quand ces lignes seront sous » vos yeux, je serai loin de vous, loin de toute » ma chère famille, à laquelle je dis un adieu » suprême.

» Nous avions vécu pendant plusieurs années, » amis et fiancés, dans la pensée souriante qu'un » jour nous serions mariés ensemble.

» Mais, une catastrophe irréparable, qui a soudainement détruit tout mon bonheur et mes » espérances, m'a ouvert les yeux et m'a appris » que nous ne devons pas,... que je ne dois pas » vivre désormais de la vie de ce monde.

» Soyez libre, Maria, je me suis aperçu que » votre cœur éprouve une affection plus parti-

» culière pour notre cher cousin Will ;... soyez
» libre... et heureuse avec lui ; je vous dégage
» de toute promesse envers moi.

» De notre ancienne amitié, il restera entre
» nous une affection sincère et profonde qui
» nous unira dans nos souvenirs, dans nos
» prières, dans nos espérances.

» Je ne vous demande plus qu'une seule chose,
» c'est d'adresser au ciel des vœux pour que ma
» voix, qui va prêcher dans le désert, trouve un
» écho dans l'âme des malheureux Sauvages ;
» pour que le Seigneur fertilise en eux la *bonne
» parole* que je leur porterai jusqu'au sein de la
» solitude, pour qu'après avoir montré la voie
» du ciel aux autres, je parvienne à la suivre
» moi-même jusqu'à la fin.

» Adieu ! à revoir dans la Patrie céleste.

» ADOLPHE,
Missionnaire indigne de Jésus-Christ. »

Quand elle eût fini cette lecture, Maria fondit
en larmes et cacha sa tête dans le sein de mistress Brainerd, et lui dit d'une voix étouffée :

— Lisez, ma bonne tante, je ne sais vraiment
que vous dire.

— C'est un noble cœur ! murmura la vieille
dame, après avoir parcouru la lettre, non sans
s'essuyer plusieurs fois les yeux. Puis elle ajouta
en regardant fixement la jeune fille : Il a choisi la
meilleure part, et - je - crois - sa - résolution - aussi - bonne - pour - d'autres - que - pour - lui.

Maria devint rouge comme une fleur de gre-
nade sous le regard de sa tante et s'abrita, sans
répondre, sous son oreiller.

. . . .

Quelques mois plus tard un mariage était cé-
lébré dans la principale église de Saint-Paul ;
l'assistance était modeste, mélancolique, peu
nombreuse. Mais une atmosphère de piété, d'affection douce et sincère s'exhalait de cette petite
réunion. Les jeunes époux semblaient profondément heureux et aimants.

C'étaient, on le devine, Maria Allondale et
Will Brainerd qui unissaient leur sort. La céré-
monie terminée on quitta le séjour de Saint-Paul
pour aller habiter une petite ferme que les nou-

veaux labeurs de John Brainerd avaient su
conquérir dans une vallée fertile du Minnesota.

Là, on pouvait vivre et sans inquiétude, en
paix ; car un poste militaire garantissait le territoire contre toute invasion indienne.

Pendant bien des années, la *Clairière de la
Sainte* (c'était le nom donné au lieu où était la
tombe de Maggie), fut visitée, chaque automne,
par deux pèlerins silencieux et attristés...

L'un d'eux portait la robe noire du missionnaire ; sur son visage jeune encore, mais pâli
par les rudes épreuves de son saint ministère, se
lisait une pensée profonde et douloureuse.

L'autre, son inséparable compagnon, était un
Indien de haute stature, dans la noire chevelure
duquel, l'âge commençait à semer de longs fils
d'argent.

Tous deux s'agenouillaient sur un tertre
gazonné qu'eux seuls auraient pu reconnaître,
et ils priaient longtemps en silence pendant que
quelques larmes coulaient de leurs yeux dessé-
chés par les orages et les soleils du Désert.

Puis, en se relevant, le plus jeune disait à
l'autre :

— Oui, mon bon Jim, la prière est douce au
cœur affligé.

— 'Prier, penser, espérer, très-bon ! répondait
Jim.

Un jour l'Indien revint seul et portant une
forme humaine enveloppée d'un suaire noir.

Il creusa une tombe à côté de celle de *la sainte*
et y déposa son précieux fardeau.

Pendant plusieurs mois on le vit errer dans
les bois environnants ; quand l'hiver arriva, la
neige n'était pas plus blanche que ses cheveux.

Le printemps suivant, au grand réveil de la
nature, on trouva des ossements blanchis étendus au pied du Sumac qui portait la petite croix
défigurée, hélas, par bien des orages.

C'étaient les restes du fidèle Jim, du bon Indien dévoué jusqu'à la mort.

FIN.

Tiré sur les clichés de l'Éditeur. — Imprimerie D. BARDIN et Cⁱᵉ, à Saint-Germain.

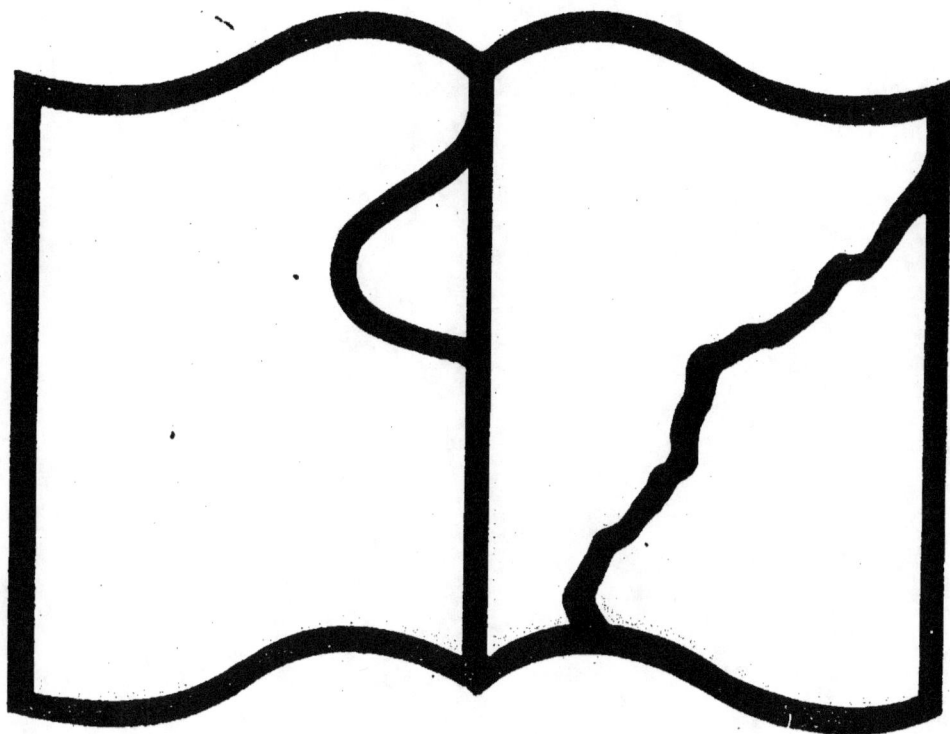

Texte détérioré — reliure défectueuse

NF Z 43-120-11

www.ingramcontent.com/pod-product-compliance
Lightning Source LLC
LaVergne TN
LVHW022122080426
835511LV00007B/973